黒字会社はここが違う

TACプロフェッションネットワーク

TAC出版

はじめに

今、日本経済は、世界規模の金融危機を発端に減速の一途をたどっています。特に、日本経済を下支えしている中小零細企業は、大きく疲弊し、業況は悪化するばかりです。

しかし、そのような中でも確実に利益を生み出している会社が存在するのも事実です。

では、「黒字会社」は他の会社と何が違うのか、どのような工夫をして「儲かる」会社になっているのか。

本書ではこのような点にスポットを当てています。

本書を担当しているのは、TACプロフェッションネットワークを通じて集まった、五人の精鋭税理士です。数々の企業を見てきた五人が、それぞれの視点で「儲かる仕組み」について切り込んでいきます。

現状、思うような業績を上げられていない会社、今後さらなる飛躍を目指している会社については、本書を通じて、少しでも多くのきっかけをつかんでいただければ幸甚です。

目次

第一章

試算表を経営に活かしている

加藤裕二

1 黒字会社と赤字会社の違い

●会社の規模によって、業績は決まらない

黒字会社と赤字会社の違いに触れる前に、興味深いデータをお見せいたしましょう。まずは、皆さんの頭の中にある固定観念を取り払ってください。

「景気は、大企業がまず先に回復するが、中小企業はなかなか回復しない」、といわれることがあります。では、実際に大企業と中小企業では、景気回復のスピードが違うのでしょうか。

会社を資本金の大きさで区分して、黒字会社の数がどれだけあるのかについて、図表1－1にまとめました。

平成一一年から平成一九年にかけて、黒字会社は一〇万社近く増えています。そのほとんどは、資本金が一，〇〇〇万円以下の中小企業でした。大企業で黒字会社の数は、ほとんど変わっていません。つまり、**資本金の大きさと、会社が利益を出すかどうかとは関係がない、**

図表1-1　資本金別黒字会社の数

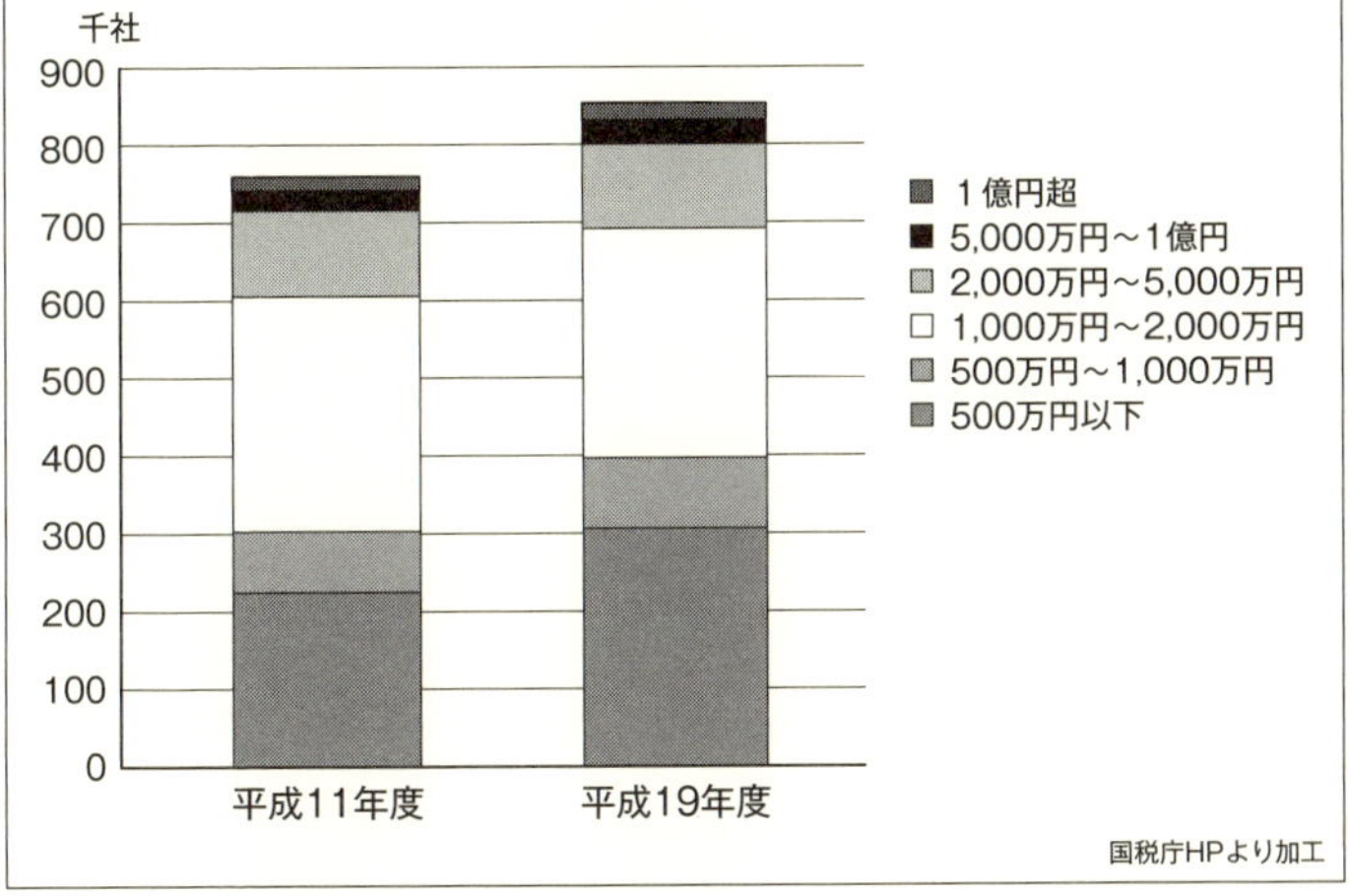

ということがいえます。

●業種によって、会社の業績は変わらない

赤字を出している会社の経営者から、「最近、どんな業種の会社が儲かっているの？」と聞かれることがあります。この質問をされると私は困ってしまいます。

なぜなら、会社が黒字になるのか赤字になるのかは、業種によって決まるものではないからです。世の中が不況になり、建築業界はほとんど壊滅状態といわれる中で、利益を出している建設会社や土木工事会社もあれば、比較的利益を出しやすいといわれる不動産賃貸業者でも、赤字で倒産寸前という会社もあります。

では、本当に業種によって業績に違いはない

図表 1-2　業種別黒字会社割合

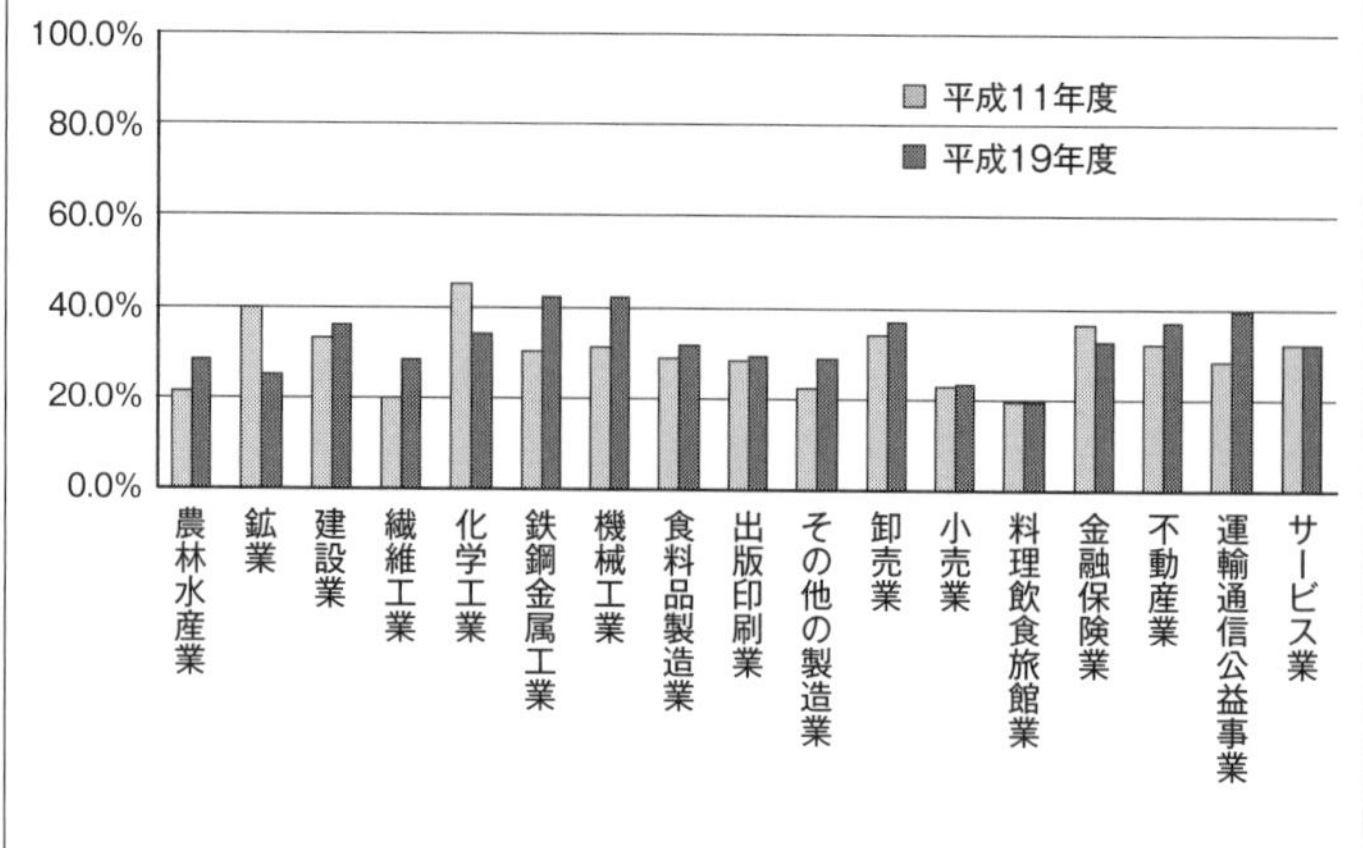

国税庁HPより

のでしょうか。そこで今度は、会社を業種ごとに分類して、黒字会社がそれぞれの業種の会社のうちどの程度の割合を占めているのか、調べてみました。

　黒字会社が会社全体のうちに占める割合は、平成一一年では約三〇％、平成一九年では約三三％となっています。図表1－2を見てみると、小売業と料理飲食旅館業については全体の平均に比べてやや少ないものの、それ以外の業種については、平成一一年も平成一九年も、黒字会社はだいたい三〇％を占めています。このことから、**黒字になるのか赤字になるのかについては、業種によっては決まらな**いといえるでしょう。

●黒字会社と赤字会社では、どこが違うのか

黒字会社と赤字会社の違いは、資本金の大きさが影響するものでもなく、その会社の業種が影響するものでもないことがわかりました。では、黒字になる会社と赤字を出してしまう会社には、どこに違いがあるのでしょう。

ここで、私が実際に関与している顧問先を比較してみたいと思います。私は現在、二〇社の顧問先を担当しています。平成二一年度は、二〇社のうち一三社が黒字会社でした。国税庁の統計調査では三〇％程度なので、これと比べてみても倍以上の会社が黒字会社ということになります。また、黒字を出した一三社のうち四社は、平成二〇年度では赤字の会社でした。

では、黒字会社と赤字会社ではどこが違うのでしょうか。また赤字会社は、どのようにして黒字に転換できたのでしょうか。

赤字を黒字に転換できた理由として、その会社の営業努力が実を結んだことはもちろんのことです。しかし、それだけで黒字になるわけではありません。黒字会社と赤字会社を比較してみると、明らかに違うことがありました。それは会社の現在の業績を表す**「試算表」を出すスピードが違う**、ということでした。

多くの会社は、試算表を毎月一回作成しています。ただ黒字を出し続けている会社は、試算表の作成には時間をかけていません。だいたいその会社の締め日から一〇日間くらいで、試算表が作成されています。早いところでは、三日や五日で作成している会社もあります。

逆に赤字の会社を見てみると、試算表が出来上がるまでに、締め日から一カ月くらいかかっています。遅いところだと二カ月や三カ月もかかるような会社もあります。これでは、試算表を作成した意味がありません。

ではこの「試算表」というものは、いったいどういうものなのか、なぜ試算表の作成が遅くなると意味がないのかを、これから見ていきたいと思います。

2 大事なのは試算表

●試算表とは

「試算表」とは、一定期間における会社の業績を示すものです。人間にたとえると健康診断の結果と同じようなものだといえます。会社にとって試算表は、その会社の健康状態を把握するために、必要なアイテムだといえるでしょう。

会社を経営しているからには、会社は利益を出していかなければなりません。会社が赤字を続ければ、その会社に投資された資金はやがて底をつき、いずれは倒産してしまうからです。また、会社が利益を出すようになったとしても、いつまた赤字になってしまうかわかりません。儲かっていると思っていたのに、気がついたら赤字に転落していたということは、よくある話です。つまり会社にとって、利益を出しているときは良好な健康状態で、赤字になっているときは不健康な状態といえます。そして、会社の場合も人間と同じように、常に自分の健康状態を知っておかなければいけません。

図表 1-3　試算表

勘　定　科　目	前月残高	借方	貸方	当月残高	構成比
現　　　　金					
・・・					
・・・					
【流動資産】					
建　　　　物					
・・・					
・・・					
【固定資産】					
【資産の部】					
買　掛　金					
・・・					
・・・					
【流動負債】					
・・・					
・・・					
【固定負債】					
【負債の部】					
・・・					
・・・					
【純資産の部】					
売　上　高					
【純売上高】					
仕　入　高					
・・・					
【売上原価】					
〔売上総利益〕＝付加価値					
広告宣伝費					
給与手当					
地代家賃					
・・・					
・・・					
・・・					
【販売費及び一般管理費】					
〔営業利益〕					
・・・					
〔経常利益〕					
・・・					

私が顧問先に提供している試算表は、図表1－3のような形式のものです。一般的にいわれる「試算表」は、だいたいこのような形式になっていて、決算書と同じように資産・負債・純資産・収入・経費の科目で構成されています。ただ、試算表と決算書には、異なる点がいくつかあります。

まず、決算書は決算のたびに作るものです。会計期間が一年の場合は、決算書は一年ごとに作成されます。しかし、試算表はそのようなルールはありません。毎月作成される場合が多いのですが、**一週間ごとに作成してもよいですし、可能であれば毎日作成してもよい**ものです。

また、決算書には決められた形式があり、その形式に従って作成しなければいけません。しかし、**試算表にはそのような形式がなく、自由に作成することができます**。もちろん科目を絞って作成することもできますので、たとえば試算表を毎日作成する場合には、給与手当や地代家賃のように、一カ月に一度しか発生しないような科目は省略してもよいでしょう。

そうすれば、金額が毎日変化する科目だけに絞った試算表を毎日作成して、管理をすることができます。そして、一カ月に一度は図表1－3のような、すべての科目を網羅した試算表を作成することによって、月に一度しか発生しない科目についても、きちんと管理をすることができます。

●なぜ、試算表を早く作成する必要があるのか

試算表は、定期的に作成する必要があります。しかも、できるだけ早く作成しなければいけません。一カ月ごとに作成するのであれば、締め日から一〇日くらいで、一週間ごとに作成するのであれば、締め日から二、三日くらいで作成できるのが望ましいでしょう。では、なぜ試算表を早く作成する必要があるのでしょう。

たとえば、病気にかかっているにもかかわらず、自覚症状がまったくなかったとします。健康診断を受けていれば、自覚症状がなくても病気を発見することができます。早く健康診断を受けていれば、それだけ命が助かる確率は高くなります。

しかし、健康診断を受けていなければ、身体の異変に気がつくことはなく、病気がだんだんと進行していってしまいます。そして、自覚症状が表れたときには、すでに手遅れという状態になってしまうかもしれません。

試算表は、会社にとって健康診断の結果のようなものです。試算表を早く作成し分析することによって、会社がそのときに儲かっているのかどうか、儲かっていないのであればどこに原因があるのか、といったことが把握できるようになります。**試算表を早く出す仕組みがあれば、会社の経営状態をいち早く把握し、より早く次の対策を講じることができます。**

人間の場合、たいてい健康診断は年に一回受けることが多いと思います。会社の場合、年に一回だけ試算表を作成するだけでは足りません。

会社の業績は日々変化していますので、試算表を年に一回作成しても、業績の変化に気がつくのが遅すぎて、「手遅れ」という状態になってしまうかもしれません。やはり、最低でも月に一回は試算表を作成する必要があると思います。

●試算表が遅くなると

逆に、試算表を早く出さないことは、なぜよくないのでしょうか。

たとえば四月分の試算表を、五月の終わり頃に作成したとします。そして業績をよくするために、「売上がこれだけ足りていない」とか、「この経費がかかりすぎている」といった問題点の分析をし、売上を伸ばす方法や経費削減の対策を検討して、すぐにこの対策を実行に移したとします。

しかし、ここで気をつけなければいけないのは、対策を検討したのは五月の終わり頃に作成した試算表を見てからなので、その対策を実行するのは早くても六月からだということです。そのため、この会社は問題点を抱えたまま五月を過ごしたことになります。

また、試算表を出すスピードが変わらないのであれば、六月分の試算表が出るのは七月の終わり頃です。つまり対策を立ててから二カ月が経過しないと、その対策は問題点の解決に効果があったかどうか、検証することができません。

もし六月から実行した対策が、問題点を解決するために有効な手段ではなかったとしたら、その会社はさらに六月と七月も問題が解決されないまま経営を続けていたことになります。これは、会社にとって非常に大きなロスになります。

経営に無駄やロスが大きければ、会社の業績が上がらないのは間違いありません。そのような経営を続けていけば、会社は赤字へと向かっていくでしょう。**無駄やロスの大きい経営を続けないために、試算表は早く出す必要があります。**

では、試算表を早く出すためにはどのようにすればよいのでしょうか。今度は、黒字会社と赤字会社での試算表の出し方の違いについて紹介します。

●試算表を早く出すためには

黒字会社と赤字会社では、試算表を作成する仕組みに違いがあります。

黒字会社を見てみると、だいたい締め日から一〇日以内に試算表を作成しています。一〇日以内に試算表が作成できるのは、「自計化」という仕組みがあるからです。自計化とは、「**会計事務所の指導により、会計ソフトを使用して自社で経理処理を行い、リアルタイムに会計情報を経営に活用すること**」をいいます。

「自計化」の仕組みが導入されると、これまで手書きだった伝票などの帳票類が、会計ソフトに仕訳を一度入力するだけで自動的に作成されます。そして会社の業績や財務状況などの情報が、必要なときに手に入れることができます。あとは手に入れた情報をきちんと分析し、正しい経営判断ができれば、会社が黒字になることは間違いありません。

逆に赤字会社の多くは、自計化という仕組みはありません。たいていは、経理処理や試算表の作成を会計事務所に任せているようです。

会計事務所で経理処理や試算表を作成するためには、会計事務所は会社から資料の提供を受ける必要があります。そのため、資料を提供されるまでの間のタイムラグがあるので、自計化の仕組みが導入されている会社よりも試算表の作成は遅くなってしまいます。

もちろん、試算表を毎日作成することは難しいでしょう。しかしそれでは、会社の経営状態を把握することや、その対策を講じることも遅くなってしまいます。自計化の仕組みが導入されていない会社は、赤字に陥りやすい状態だといえるでしょう。

●試算表を早く出すだけではダメ

人間の身体の場合、せっかく健康診断をしてもその結果を踏まえて生活習慣を改善しなければ、身体は悪い状態のままで変わりません。これでは、健康診断を行った意味がありません。

会社にとっても同じことがいえます。せっかく試算表が早く出せるようになっても、その試算表をきちんと分析して会社の業績を把握し、悪いところがあればすぐに対策を立てて改善をしなければ、会社の業績はよくはならないでしょう。

健康診断で「要再検査」という結果が出ても、その結果を無視してそのまま放置しておくと、手遅れになることもあります。経営者の中にも、業績が悪いと「試算表を見たくない」といわれる方もいます。

しかし、業績が悪いときほど、試算表をきちんと分析して現状と問題点を把握しなければいけません。そして、できるだけ早くその問題点を解決するための対策を立てて実行に移さなければいけません。ひょっとすると、経営者が試算表を見ようとしない会社は、もうすでに手遅れの状態になっているかもしれません。

手遅れにならないためにも、会社の業績をきちんと把握し、会社のどこに問題点があるの

か、しっかりと分析する必要があります。そこで次に、試算表の分析方法について説明します。

3 試算表の見方

●経費を区分する

試算表の分析をするにあたっては、まずは経費の区分について理解する必要があります。**経費を区分することで、会社にとって有益な情報を数多く手に入れることができます。**

経費は大きく分けて「変動費」と「固定費」の二つに区分できます。変動費とは、売上高に比例して変動する経費のことで、たとえば仕入高や外注加工費などがあります。一方の固定費とは、売上高が増えても減っても総額はそれほど変化しない経費のことで、人件費や不動産賃借料、消耗品費などが挙げられます。

この経費を区分することは、試算表を分析するための第一歩となるのですが、ほとんどの経費が、売上高に対して明確な比例関係を持っているわけではありません。たとえば人件費や消耗品費などは総額が毎月変化しますが、売上高に応じて増加するとは限らない経費です。

会社の規模が小さいうちは、人件費や消耗品費などといった売上と明確な比例関係を持たない経費を、変動費の部分と固定費の部分に分けることはできるかもしれません。

しかし会社の規模が大きくなると、そのような区分をすることはとても困難になります。また、水道光熱費や電話代などのように基本料金が設定されており、なおかつ使用量が一定の数量を超えると、使用量に応じて料金が変化するような経費については、厳密には変動費とも固定費とも言い切れません。そのため、実際に経費を変動費と固定費に区分するときには、なかば強引に行うことが必要です。

本章では、話を簡略化するために、「売上原価＝変動費」、「販売費及び一般管理費＝固定費」として考えていきたいと思います。

●試算表を分析する

健康診断を受けても、その結果を踏まえて生活習慣を改善しなければ、健康診断を受けた意味がありません。同じように試算表を作成しても、それをきちんと分析して会社の変化に対して素早く対策を講じなければ、作成した試算表はまったく無駄になってしまいます。それでは、どのように試算表を分析すればよいのでしょう。

試算表には多くの数字が並んでいます。それぞれの数字を一つ一つ細かく分析することは、容易なことではありません。試算表を分析するときには、まずは**金額の大きい費目に着目するとよいでしょう。**

私が担当している顧問先の中には、卸売業を営んでいる会社があります。この会社は、試算表の中で仕入高が金額の大きい費目でした。そこで、この会社では経理担当者が仕入単価を常にチェックし、少しでも安く商品を仕入れられるように取引先に粘り強く交渉しました。この努力のおかげで売上高は少し減少したものの、それ以上に仕入高を削減することができ、赤字が続いていた会社を黒字に転換させることに成功しました。

また、他の顧問先では、借りている店舗の家賃を値下げしてもらい、業績の回復を図ったところもあります。家賃は毎月同じ金額が発生しますので、値下げすることができれば、それだけ業績の回復には効果があるでしょう。

金額の大きい費目については、一カ月前や二カ月前、一年前などといった過去の結果と比較することで、変化に気がつくことがあります。金額の大きい費目は、会社の損益に大きな影響を与えますので、対策を立てれば会社の業績が改善される効果はより大きく表れます。逆に金額の小さな費目については、変化に気がつくことはとても難しいと思います。さらにこの費目について対策を立てても、業績の改善にはなかなか結びつきません。

金額の大きい費目に着目することのほかに試算表を分析する方法として、会社の収益性や生産性、安定性を示す指標を用いるやり方があります。これらの指標に着目して、会社の問題点の把握とその対策について検討することも、会社の業績を改善するためには必要なことです。

次に、金額の大きい費目について過去と比較する方法や、さまざまな指標の具体的な分析方法について説明します。

●過去と比較する

試算表を分析する方法として、過去の試算表と比較するやり方があります。**過去の試算表と比較することで、急に売上が落ち込んだり、急に経費が増加したりといった変化に気がつくことができるからです**。前述のとおり、金額の小さい費目については、過去の試算表と比較しても、変化に気がつくことは難しいと思います。できるだけ金額の大きい費目に絞って、比較したほうがよいでしょう。

過去と比較するやり方として、月次の推移を見る方法があります。たとえば、一カ月前や二カ月前と比較して売上高が変わらないのにもかかわらず仕入高が急に増えた場合には、在庫が多くなっている可能性があります。倉庫の中にいつまでも売れない滞留在庫や不良在庫があれば、その在庫は無駄なスペースを使っていることになりますので、在庫の確認をする必要があります。もしかしたら商品の発注に問題があるかもしれませんので、在庫の確認だけではなく、発注を管理するシステムを検討する必要があるかもしれません。

もし、人件費が増えているようであれば、残業代が増えていることや余剰人員がいる可能性があります。このような場合には従業員への仕事の割り振りに問題がないか、従業員の配置に無駄がないか、といったことをチェックする必要があるでしょう。

また、広告宣伝費や接待交際費が増加しているようであれば、広告を出したことや接待を行ったことで、売上を増やすことに効果があったのかを検証することも大切なことです。

細かいことですが、こういったことを積み重ねることで、無駄な経費を削減することにつながっていきます。

月次の推移を比較するときに、賞与や年払いの保険料、減価償却費など、経常的に発生しない経費については一年分の金額を見積もり、その金額を一二等分して概算の費用として毎月計上したほうがよいと思います。

もし、これらの経費を発生したときの費用として計上すると、経費が計上された月は利益が大きく減少してしまいます。そうすると経費が計上された月と計上されていない月とでは利益が大きく変動してしまうので、月次の推移を比較することはとても難しくなります。

しかし、経常的に発生しない経費を概算の費用として計上すると、これらの経費が発生したことによって毎月の利益が大きく変動することは抑えられますので、月次の推移を比較するときにわかりやすくなります。そしてこのあとの説明に出てくるような収益性や生産性などの指標を用いて試算表を分析するときには、精度の高い分析ができるようになります。

季節により売上が大きく変動するような会社では、経費についても季節により大きく変動することが多くなります。売上も経費も大きく変動するということは、月次の推移を比較しても利益は同じように大きく変動してしまうので、会社の経営状態に変化があったかどうか、なかなか把握することができません。

このような会社が、たとえば四月の分析をしようと考えるのであれば一年前や二年前の四月の実績と比較するといったように、分析をしようとする月について一年前や二年前の同じ月の実績と比較するとよいでしょう。こうすることで季節変動による影響を少なくし、より正確な分析ができるようになります。

このように一年前や二年前の同じ月の結果と比較して分析を行うことは、季節変動が激しい業種の会社はもちろん、季節変動があまり見られない会社でも有効な手段だといえます。

●収益性を見る

会社は、収益を上げなければ黒字にはなりません。**収益を上げるために、試算表を分析するときには、収益性の分析が最も重要です**（図表1－4参照）。

収益性を分析するときには、まずは付加価値率を見るのがよいでしょう。付加価値率とは粗利益率とも呼ばれているもので、売上高に対する売上総利益の割合をいいます。売上総利益は、売上高から商品の仕入などの売上原価を差し引いたものです。つまり、付加価値率は、売上を上げて直接どのくらい儲かったのかを示す指標をいいます。

付加価値率は、会社全体でどのくらい売上を上げて、どのくらい儲かったのかを見る必要もありますが、商品アイテムの多い企業では商品ごとの付加価値率を分析することも大切なことです。商品ごとに付加価値率を把握することで、会社としてどの商品に力を入れて販売するかについて、意思決定をすることができるようになります。

付加価値率と並んで注目する指標に、営業利益率があります。営業利益は、売上総利益から人件費や広告費などのいわゆる固定費を差し引いたものをいいます。営業利益率とは売上高に対する営業利益の割合を示すものであり、会社が営業活動を行ってどれだけ収益を上げたか、その収益性を表しています。

図表 1-4　収益性を見る その1

（単位：万円）

	当月残高	構成比
売　　上　　高	4,000	100%
売　上　原　価	1,000	25%
〔売上総利益〕＝付加価値	3,000	**75%**
広　告　宣　伝　費	500	
人　　件　　費	1,200	
地　代　家　賃	900	
・　・　・		
・　・　・		
・　・　・		
【販売費及び一般管理費】	2,800	
〔　営　業　利　益　〕	200	**5%**
・　・　・		
〔　経　常　利　益　〕	100	**2.5%**
・　・　・		

← 付加価値率 ＝ 売上総利益÷売上高

← 営業利益率 ＝ 営業利益÷売上高

← 経常利益率 ＝ 経常利益÷売上高

（注）試算表の一部を抜粋
構成比は、売上高に対する割合を示します

この指標がマイナスになるということは、営業をすればするほど赤字が増える状態であるといえます。これでは、会社を経営している意味はありません。営業利益率がプラスであってもその数値が預金利息よりも低いのであれば、やはり経営上問題があるといえます。極端にいえば営業活動をするよりも資金を銀行に預けたほうがよいということになってしまいます。

次に、企業の業績を見る上で最も重要だといわれる指標に、経常利益率があります。この指標は、売上高に対する経常利益の割合を示すものです。経常利益とは、営業利益に預金利息などの収入を加え、借入金利息などの経費を差し引いたものです。

預金利息や借入金利息などは、会社の本

来の営業活動とは関係のないものです。しかし、運転資金を銀行預金に預け入れていれば預金利息は発生しますし、銀行から資金を借り入れていれば、借入金利息は必ず発生します。

つまり、預金利息や借入金利息は、会社を経営していれば定期的に発生する収入や経費です。ですから経常利益は、営業活動を含めた会社の事業活動全体から生み出された利益のことで、会社の経営力を示すものです。

経常利益が大きければ大きいほど、会社は儲かっているといえます。しかし、注意しなければいけないことは、経常利益は金額ではなく経常利益率で確認する必要があるということです。

例として図表1－5に、A社とB社の二つの会社を挙げてみます。どちらの会社も経常利益が一〇〇万円となっています。この二社を比べると売上高はB社のほうが多いのですが、儲かっているのはA社だといえます。なぜなら、売上高に対する経常利益の割合がB社は一%しかありませんが、A社は二・五%とB社の二倍以上もあるからです。

もし、これらの会社の売上高が二%減少したと仮定すると、B社は経常利益がマイナスとなってしまいますが、A社はまだ黒字の状態を保つことができています（図表1－5参照）。

A社とB社を比較すると、A社は多少の売上の減少には経営的に耐えうる余力がある会社だといえるでしょう。B社はA社と比べると、付加価値率は同じで営業利益率は高くなって

図表 1-5　収益性を見る その2

（単位：万円）

勘定科目	A社		B社	
	当月残高	構成比	当月残高	構成比
【純売上高】	4,000	100%	10,000	100%
【売上原価】	1,000	25%	2,500	25%
〔売上総利益〕	3,000	75%	7,500	75%
・・・				
・・・				
【販売費及び一般管理費】	2,800		6,900	
〔営業利益〕	200	5%	600	6%
・・・				
〔経常利益〕	100	2.5%	100	1%
・・・				

売上が2％
減少すると

勘定科目	A社		B社	
	当月残高	構成比	当月残高	構成比
【純売上高】	3,920	100%	9,800	100%
【売上原価】	980	25%	2,450	25%
〔売上総利益〕	2,940	75%	7,350	75%
・・・				
・・・				
【販売費及び一般管理費】	2,800		6,900	
〔営業利益〕	140	4%	450	5%
・・・				
〔経常利益〕	40	1%	**-50**	**-1%**
・・・				

いますので、固定費がかかりすぎているとはいえません。B社はA社よりも借入金が多く、借入金利息が収益を圧迫していることが考えられます。できるだけ早く借入金を返済したり、銀行に対して利率変更の交渉をしたりといった対策をとることで、借入金利息が収益を圧迫しないようにする必要があります。

たとえば、もし営業利益率がマイナスだった場合、販売価格や仕入価格を見直して付加価値率を高めることも、重要な対策になります。

なぜなら、売上総利益から固定費を差し引いたものが営業利益なので、売上総利益を増加させることは営業利益の増加に直接つながるからです。

収益性の指標は、個別に分析することも必要ですが、**それぞれの指標を相互に関連させて分析を行い、業績改善策を検討することも、会社を黒字化へ導くためには重要なこと**だといえるでしょう。

●生産性を見る

生産性を分析する指標としては、従業員数や固定資産の帳簿価額に対する営業利益や売上総利益の割合があります。この指標を用いることで、人員の配分が適切なのか、過剰な設備

図表1-6　生産性を見る その1

（単位：万円）

	支店A	支店B
【純売上高】	4,000	10,000
【売上原価】	1,000	2,500
〔売上総利益〕	3,000	7,500
広告宣伝費	500	1,500
給与手当	600	3,000
地代家賃	900	2,000
・・・		
・・・		
・・・		
【販売費及び一般管理費】	2,800	7,100
〔営業利益〕	200	400
（従業員数） 一人当たり営業利益	2名 100	10名 40

← ＝ 営業利益／従業員数

投資をしていないか、といったことが把握できます。

従業員数を基準にした指標として用いられるものに、一人当たり営業利益があります。営業利益とは売上総利益から固定費を差し引いたものですから、一人当たり営業利益は、従業員一人につきどれだけ利益を生み出しているかを示す指標になります。この指標は会社全体の数字を分析しても、あまり効果はありません。

たとえば図表1－6のように、会社にいくつか支店がある場合には、支店ごとに一人当たり営業利益を計算します。図表1－6の例では、支店Aのほうが支店Bより一人当たり営業利益が高くなっているので、支店Aが支店Bよりも効率的な人員の配置をしているといえます。

このことがわかると、まず支店Bについては従業員を削減することが考えられます。しかし、従業員を削減しても売上が下がってしまっては、一人当たり営業利益は改善されません。従業員を減らした上で今までの売上を確保するための対策を考える必要があります。

一方の支店Aについては、今よりも従業員を増員してさらに売上を増加させることを検討してもよいと思います。このような対策を立てることで、効率的に従業員を配置することができるようになります。

固定資産の帳簿価額を基準にした指標として用いられるものとしては、固定資産投資効率があります。固定資産投資効率とは、固定資産の帳簿価額に対する売上総利益の割合をいいます。この指標は、投資をした設備がどれくらいの利益を生み出しているのかを計るもので、主に製造業の会社で生産性を分析するために使用されます。

たとえば製品Aを生産するラインAと、製品Bを生産するラインBがある場合、図表1－7のようにラインごとに固定資産投資効率を計算します。この例では、ラインAのほうがラインBよりも固定資産投資効率が高く、効率的なラインだといえます。ラインBについては、作業工程に無駄が多いことや、ライン自体の生産能力に問題があるのかもしれません。作業工程や生産能力のほかに、製品Bの売上が足りていないという問題点があることも考えられ

図表 1-7　生産性を見る その2

（単位：万円）

	ラインA （製品Aを生産）	ラインB （製品Bを生産）
【純売上高】	4,000	10,000
【売上原価】	1,000	2,500
〔売上総利益〕	3,000	7,500
（固定資産帳簿価額）	10,000	50,000
固定資産投資効率	30%	15%

固定資産投資効率 ← ＝ 売上総利益 / 固定資産帳簿価額

ます。その場合は、ラインBでは製品Bだけではなく他の製品も生産することを検討しなければ、ラインBに投資した設備が無駄になってしまいます。ひょっとしたら、ラインBは過剰な設備投資をしているのかもしれません。もしそうであれば、過剰な設備を売却することも必要な対策といえるでしょう。

このように一人当たり営業利益や固定資産投資効率を分析することで**会社の生産性についての問題点を把握することができ、その問題点を解決していくことで生産性が上がっていきます。**生産性が向上すれば会社の業績はよくなりますので、会社は黒字化へと向かっていくでしょう。

図表1-8　損益分岐点売上高の数式

	売上高
△	変動費
	付加価値
△	固定費
	営業利益　＝0円

つまり　付加価値　＝　固定費　となる売上高

$$\text{損益分岐点売上高} \times \text{付加価値率} = \text{固定費}$$

$$\text{損益分岐点売上高} \times \frac{\text{売上高} - \text{変動費}}{\text{売上高}} = \text{固定費}$$

$$\text{損益分岐点売上高} \times \left[1 - \frac{\text{変動費}}{\text{売上高}} \right] = \text{固定費}$$

よって

$$\text{損益分岐点売上高} = \frac{\text{固定費}}{1 - \dfrac{\text{変動費}}{\text{売上高}}}$$

●安定性を見る

会社の経営が安定しているかどうかを分析することも、重要なポイントです。経営の安定性を示す指標を説明するために、まず損益分岐点売上高を理解する必要があります。

損益分岐点売上高とは、文字どおり「損」か「益」か、つまり赤字になるか黒字になるかの分かれ目となる売上高のことをいいます。営業利益が赤字にならないために最低必要な売上高のことで、言い換えれば営業利益が○円になる売上高ということになります。

営業利益が○円になるということは、付加価値と固定費が等しくなることですので、損益分岐点売上高に付加価値率を乗じたものと固定費が等しいことになります。付加価値率は売上高と変動費との差額が、売上高に対して占める割合ですので、損益分岐点売上高は図表1－8に示した数式で求められます。

会社の安定性の分析に用いる指標として、売上の余裕度を示す経営安定率があります。この指標は、売上高のうち損益分岐点売上高を超える売上高の金額が占める割合を示したものです（図表1－9参照）。

経営安定率は、何％売上が下がると赤字に転落するか、その余裕率を表すもので、不況に耐えうる力を示すものです。もし、売上高が損益分岐点売上高しかなかった場合には経営安定率は○％ですので、まったく余裕がない状態だということになります。

その他にも、会社の安定性の分析に用いる指標として、付加価値のうちに人件費の占める割合を示す労働分配率があります。人件費は固定費の中でも大きなウェイ

図表1-9　経営安定率

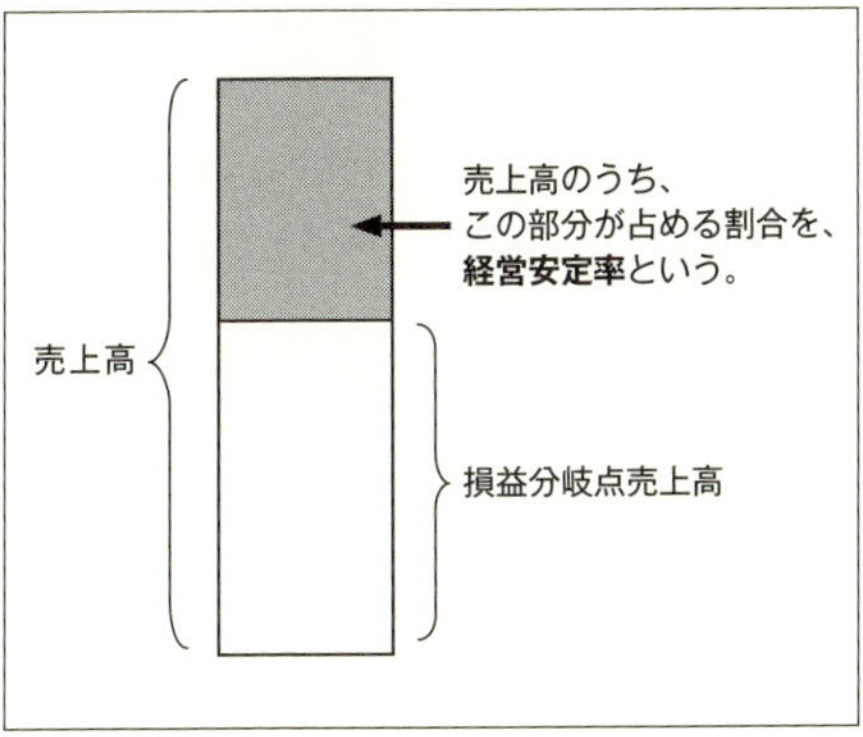

トを占めますので、この割合が高いと粗利益がいくら高くても営業利益が赤字に陥る可能性が出てきます。

これらの指標は、収益性や生産性の指標と比べると試算表を分析する上ではやや重要性は低いかもしれません。もし毎日試算表を作成するのであれば、これらの指標の分析についてはは毎日行う必要はないでしょうが、**定期的にチェックしておくことによって安定した経営につながる**でしょう。

●他社と比較する

ここまでは試算表の分析に用いる指標について、いくつか紹介をしました。これらの指標を自社の試算表の数字を使って分析することで会社の業績は改善され、経営は安定して黒字化へと導いてくれることでしょう。ここではさらに一歩進んで、これらの指標について他社と比較することを考えたいと思います。

たとえば、ある月における自社の営業利益率が五％だったとします。これが翌月には四％や三％に減少していれば、売上総利益の減少や固定費の増加などの原因が考えられ、その原因を追究することで、対策を立てることができるでしょう。

しかし、もし翌月もその次の月も五％でほとんど変化が見られなかったとしたら、この会社は何も対策を立てる必要がないのでしょうか。ひょっとしたらこの会社は、営業利益がずっと低いまま推移していて、そのことに気がついていないだけかもしれません。このような場合には、自社と同じ業種に属する他の会社について営業利益率を調べて、自社と比較してみるのもよいでしょう。

そうはいっても、他の会社の指標を直接その会社に問い合わせても、教えてくれるはずはありません。他社の指標の調べ方としては、インターネットを使う方法が考えられます。インターネットで「経営指標」と検索すれば、さまざまなサイトで経営指標が公開されています。また上場会社などの大手企業は、決算報告を自社のホームページに掲載している場合が多いので、同業種の上場会社を数社ピックアップすれば、指標を比較することができます。

図表1－10に有名企業の営業利益率を、平成一八年三月期から三年間についてそれぞれの会社のホームページに掲載されている決算報告から抜き出して、まとめてみました。トヨタ自動車や日産自動車といった大手上場企業でも、営業利益率は七％から九％くらいで推移しています。またソニーを見ると、営業利益率の変動がとても激しいことがわかります。これらの会社は規模が大きいので、売上純利益や営業利益の金額はとても大きくなります。しかし、付加価値率や営業利益率といった試算表の分析に用いる指標であれば、充分比較の対象

図表 1-10　営業利益率の推移

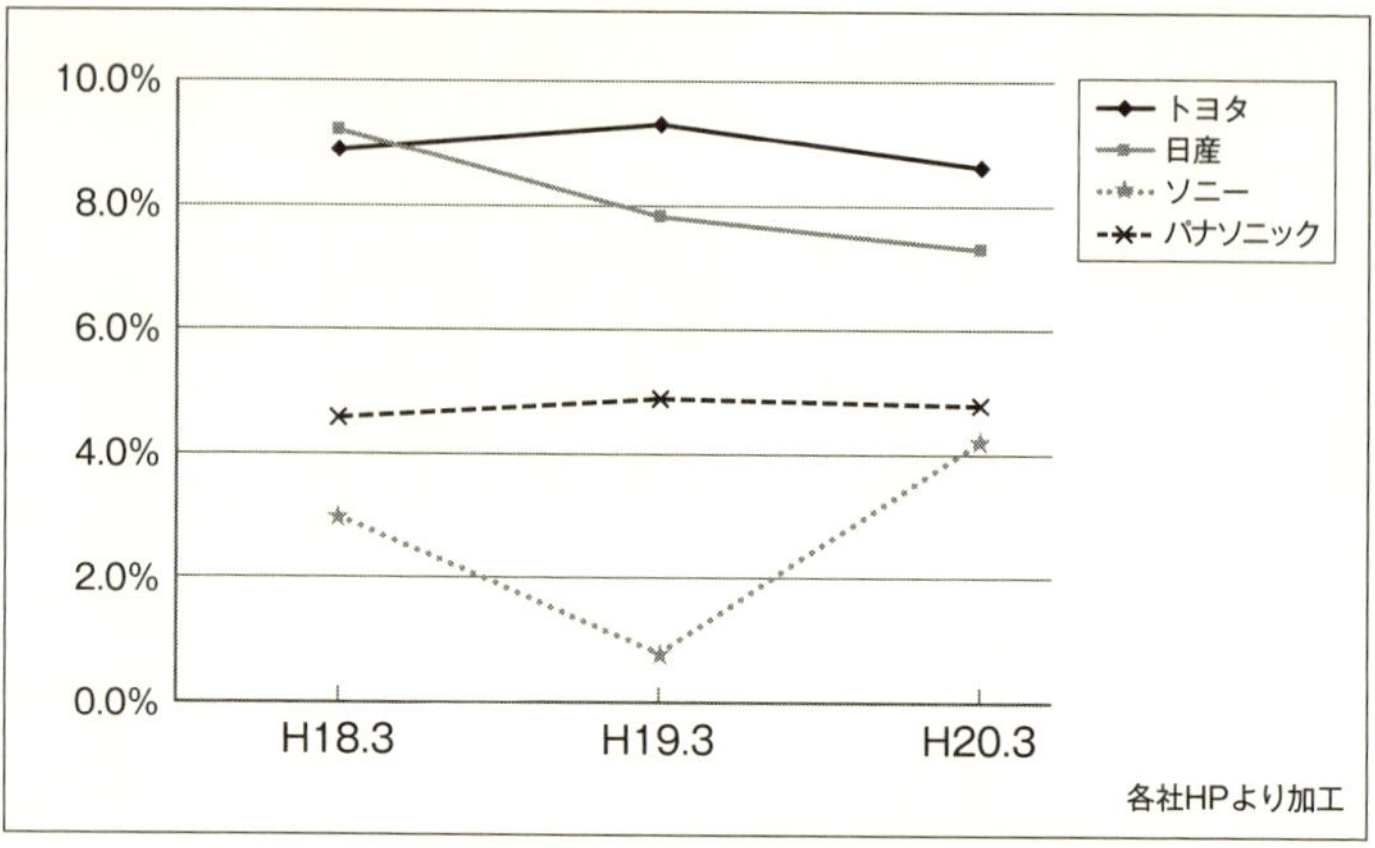

になるでしょう。

自社の試算表を分析するときに他社の指標と比較することで、自社の経営状態の問題点をより明確にすることができます。問題点をはっきりとさせて対策を立てることが黒字化への近道ですので、他社と比較する方法はぜひ実行していただきたいと思います。

4 試算表の作り方

●商品アイテムごとの試算表

試算表は会社の健康診断結果のようなものですので、試算表を作成して分析することによって、会社の健康状態を把握することができます。ところが、この試算表を会社の業務内容や規模に合わせたものに作りかえることによって、さらに詳しい健康状態を把握することができます。

前述のとおり、試算表の分析にはさまざまな手法があります。会社が商品アイテムごとの付加価値率について分析する場合には、商品アイテムごとの売上高と売上原価がわからなければいけません。そうなると一般的な試算表ではなく図表1－11のような試算表のほうが、その会社にとって必要な試算表だといえるでしょう。

図表1－11のような商品アイテムごとの試算表を出すことができれば、いろいろな経営方針を決めることができます。たとえば付加価値率の高い商品Aについては、自社のこれから

図表 1-11　商品アイテムごとの試算表 その1

（単位：万円）

	合計	商品A	商品B	商品C	商品D
売上高	20,000	2,000	3,000	10,000	5,000
売上原価	8,000	500	1,000	4,500	2,000
売上総利益	12,000	1,500	2,000	5,500	3,000
（付加価値率）	60.0%	75.0%	66.7%	55.0%	60.0%

商品A：今後、力を入れて販売する商品？

商品C：①販売価格の見直しが必要？　②仕入の値下げ交渉が必要？

の主力商品として販売を拡大させるために販路を広げたり、営業担当者を増員したりといった方針が考えられるでしょう。また、付加価値率の低い商品Cについては、販売価格を見直したり仕入価格を値下げしてもらったりして、付加価値率を高める対策を取る必要があるでしょう。

この場合、競合する他社の商品についての情報を調べることは、とても重要なことです。もし商品Aと競合する商品が近々発売されるのであれば、商品Aの販路を拡大させることは労力を必要とすることかもしれませんし、値下げを余儀なくされるかもしれません。しかし、その競合商品よりも商品Aのほうが優れていることをアピールできるのであれば、その情報は営業担当者にとって販路を拡大させるための有益な情報だといえるでしょう。

さらに商品アイテムごとの営業利益率を知りたいと考えた場合には、販売費などの経費を商品アイテムごとに求める必

図表 1-12　商品アイテムごとの試算表 その2

（単位：万円）

	合計	商品A	商品B	商品C	商品D
売上高	20,000	2,000	3,000	10,000	5,000
売上原価	8,000	500	1,000	4,500	2,000
売上総利益	12,000	1,500	2,000	5,500	3,000
（付加価値率）	60.0%	75.0%	66.7%	55.0%	60.0%
広告宣伝費	1,500	200	300	600	400
人件費	5,000	500	750	2,250	1,500
・・・					
・・・					
【販売費及び一般管理費】	10,400	1,300	1,750	5,000	2,550
〔営業利益〕	1,600	200	250	500	450
（営業利益率）	8.0%	10.0%	8.3%	5.0%	9.0%

経費を、商品アイテムごとに割り振るときに使用する割合としては、
①商品販売高、②販売数量、③販売に従事した人数、④販売に従事した時間、
などが挙げられます。
それぞれの経費について、最も適切な割合を使用します。

要があります。しかし、経費は売上原価と違って、共通で発生するものがほとんどで、商品アイテムごとに経費を求めることは非常に難しいことです。

共通で発生している経費については、経費の特性に合わせて一定の割合で商品アイテムごとに割り振ればよいでしょう。例を挙げると、広告宣伝費のように商品の販売量に直接影響する経費については、商品の販売高や販売数量の割合を用いればよいでしょう。

また、給料手当や法定福利費などの人件費は、販売に従事した人数や時間の割合を用いることが考えられます。地代家賃であれば、売り場面積の割合

を用いることもできるでしょう（図表1－12参照）。

それぞれの経費を適切な割合を用いて配分し、**商品アイテムごとの営業利益率を比較することができるようになれば、より効果的な経費の使い方を検討することができます。**経費を効果的に使うことができれば、おのずと会社の業績は改善されるでしょう。

●店舗ごとの試算表

店舗が数カ所あるような会社の場合、会社全体の試算表を作成するだけでは充分ではありません。なぜなら、利益の出ている店舗と業績の悪い店舗を見わけることはできないからです。このような会社では、店舗ごとの試算表を作成することが必要です。

店舗ごとの試算表を作成して各店舗の業績を明確にすることで、採算が取れていない店舗を把握することができ、このような店舗については業績を改善するための対策を検討することができます。このときに業績のよい店舗との比較を行い、業績がよい理由を分析することで、業績の悪い店舗に対する改善策のヒントが見つかるかもしれません。

店舗ごとの試算表の作成方法は、前述した商品アイテムごとの試算表とほとんど同じです。

図表 1-13　店舗ごとの試算表

（単位：万円）

	合計	店舗A	店舗B	店舗C	店舗D
売　上　高	20,000	2,000	3,000	10,000	5,000
売　上　原　価	8,000	500	1,000	4,500	2,000
売　上　総　利　益	12,000	1,500	2,000	5,500	3,000
（付　加　価　値　率）	60.0%	75.0%	66.7%	55.0%	60.0%
広告宣伝費（店舗個別）	600	100	120	250	130
広告宣伝費（共通）	900	100	180	350	270
人　件　費	5,000	500	750	2,250	1,500
・・・					
地　代　家　賃	700	100	150	250	200
・・・					
【販売費及び一般管理費】	10,400	1,300	1,750	5,000	2,550
〔営　業　利　益〕	1,600	200	250	500	450
（営　業　利　益　率）	8.0%	10.0%	8.3%	5.0%	9.0%

共通で発生した経費は、一定の割合で各店舗に割り振ります。
割合としては、①売上高、②売り場面積、③販売数量　などが考えられます。
経費の性質に合わせて、最も適切な割合を使用します。

経費は、店舗ごとで個別に発生するものもあれば、店舗全体で共通して発生するものもあります。

たとえば、人件費や地代家賃などは店舗ごとで個別に管理ができるものです。広告宣伝費は、ある店舗が独自に作成した広告であれば、人件費と同じように個別に管理することができますが、複数の店舗の広告をまとめて作成した場合には、個別に管理することはできません。このように、複数の店舗で共通して発生した経費については、売上高や売場面積などを基準にした割合で各店舗に配分するようにします（図表1－13参照）。

共通して発生する経費を、適切な割合を用いて配分を行った上で、店舗ごとの試算表を作成することで、利益の出ている店舗とそうではない店舗がはっきりとします。利益が出ている店舗があっても、利益が出ていない赤字店舗があれば、会社全体としてはなかなか黒字にはなりません。

赤字店舗には、利益が出ている店舗と比べて付加価値率が低いことや、無駄な経費がかかりすぎていることなど、何らかの原因があります。利益が出ている店舗と比較することで赤字の原因を分析し、その原因を解決することで赤字店舗も業績が改善されます。そうすることで、会社自体が黒字化へと導かれるでしょう。

一般的な試算表は会社の健康診断結果のようなものです。一般的な試算表を分析して適切な対策を立てることで、会社の業績を改善することはできます。さらに試算表を会社の事業内容などに合わせて作りかえることによって、会社の業績をより細かく把握することができます。**会社の業務内容や規模に合わせて作りかえた試算表は、言い換えれば会社にとっては精密検査の結果のようなものです。**

人間は健康診断の結果を見て異常が発見されてから、精密検査を受けることが多いでしょう。精密検査を受けるためには、病院に行く必要がありますし費用もかかります。

一方、会社が精密検査の結果を作成するためには、前述のとおり、「自計化」という仕組みを導入する必要があります。しかし、この「自計化」を導入するためには、余分な時間や労力も、多額の経費もかかるわけではありません。必要な経費としてはパソコンと会計ソフトを購入する費用くらいです。導入してから慣れるまでには多少時間と労力はかかると思いますが、本格的に「自計化」が運用されるようになれば、むしろ時間と労力はかからなくなり業務の効率化につながります。

そこで次に、「自計化」の仕組み作りについて触れていきます。

●自計化を進める仕組み作り

試算表を早く出すためにも、会社の業務内容や規模に合わせた試算表を作るためにも、自計化の仕組み作りは欠かせません。確認ですが、自計化とは「会計事務所の指導により、会計ソフトを使用して自社で経理処理を行い、リアルタイムに会計情報を経営に活用すること」をいいました。

自計化の仕組み作りをするためには、まずはパソコンと会計ソフトを導入することから始まります。パソコンと会計ソフトが導入されたら、伝票を入力します。これで自計化は開始されたことになります。

今までの経理処理では、①まず入出金伝票や振替伝票を作成し、②次にそれらの伝票を現金出納帳や預金出納帳・総勘定元帳に転記し、③それぞれの科目の合計を計算して残高を確認し、④試算表を作成する、という作業が必要でした。

自計化を導入することで、①仕訳を入力する、だけで現金出納帳や預金出納帳・総勘定元帳はもちろん、試算表も作成することができます。従来のように手書きで帳票類を作成するよりも、試算表を作成するスピードは格段に速くなります。また、自計化を導入することで、仕訳入力を一度行うだけで伝票や出納帳などが作成できるということは、時間も労力も大幅に減少できますので、業務の効率化にもつながります。

自計化が開始されたら、入力された伝票に間違いがないかを会計事務所にチェックしてもらいます。①伝票の入力をして、②入力したものをチェックする、ということを行うことで、だんだんと入力の精度が高まっていきます。入力の精度が高くなれば、本格的に自計化が導入されたことになります。

自計化が導入されるようになったら、①定期的に試算表を分析して問題点を把握し、②その問題点に対する対策を立てて実行し、③対策を実行したあとの試算表を分析することでその対策の効果を確認して、④さらなる対策を立てて実行する、というサイクルを繰り返していきます。

会社が赤字に陥る問題点は一つとは限りません。①から④までのサイクルを繰り返し行うことで、数多くある問題点を一つ一つ解決していきます。そうすることで会社は黒字化へと向かっていくでしょう。

5 まとめ

●自計化導入の妨げ

自計化を導入し、自社の業務内容や規模に合わせた試算表をリアルタイムに作成する仕組みを作ることが、黒字化への第一歩です。しかし、自計化が進まない会社も多くあります。そういった会社は、自計化の導入には新たに大きな設備投資が必要だと考えているようです。

しかし、パソコン一台と会計ソフト一つあれば、自計化は導入できます。それほど大きな設備投資は必要ではありません。

自計化の仕組みが作られることで、会社の業績をより早く把握することができ、問題点に素早く対処できること、会計処理が簡便になり業務の効率化を図ることができることを考えたら、むしろ安いくらいではないでしょうか。

また、自計化を導入するためには、パソコンに関する専門的な知識が必要だと考える会社もあるようです。しかし、会計ソフトを用いて仕訳を入力するだけであれば、パソコンについての専門的な知識は必要ありません。今までに一度もパソコンに触れたことがない人であれば、仕訳を入力することは難しいかもしれませんが、少しでもパソコンを使ったことのある人であれば、それほど問題はありません。

それよりも仕訳を入力するためには、**手書きで伝票や帳簿書類を作成するときと同じで、経理処理に関する知識が必要です。**現在の経理担当者がパソコンを使用したことがあるのであれば、自計化の導入には充分対応することができるでしょう。

●継続は力なり

自計化を導入したら、定期的に試算表を作成して分析をしなければいけません。その理由の一つは、定期的に試算表を作成して分析をしないと、会社の業績の変化になかなか気がつかないからです。もし、会社の業績が悪化していてもそのことに気がつかなければ、対策を立てることができず、気がついたときには手遅れになってしまうかも知れません。

また、会社の業績の悪化に気がつき対策を立てて実行したのであれば、その対策が効果のあるものだったかどうかについて、検証しなければいけません。もし、その対策に効果がないのであれば、できるだけ早くその対策を修正して効果のある対策を実行しなければ、会社は黒字にはなりません。そのためにも、定期的な試算表の分析は欠かせません。

会社の業績を改善するためには、**①会社の変化に気づき、②その変化に対して対策を立てて実行し、③その対策の効果を検証し、④さらに対策を講じる、といったことの繰り返しが大切です。**このことを繰り返し行うことで常に適切な対策、つまり正しい経営判断が下せるようになり、会社の業績の向上と黒字への転換につながっていきます。

●最後に

平成元年頃は、二社のうち一社が利益を出す会社でした。それからバブル崩壊により国内企業の業績は悪化の一途をたどり、一〇年間で約七割の会社が赤字会社となってしまいました。それから戦後最長の景気回復が続き、多少なりとも黒字会社の割合は増えましたが、それでも赤字会社は全体の六七%くらいを占めています。

このように、赤字会社がなかなか黒字に転換できないような状況にあっても、着実に業績を回復して、会社を黒字に転換させることに成功した会社も多くあります。黒字化に成功した会社や常に黒字を出し続けている会社は、自社の経営状態を常に把握していて、正しい経営判断が早く行われているところばかりです。

会社の業績は、いつも変化しています。数カ月も前の試算表を見ていては、正しい経営判断をすることはできません。**試算表をより早く作成し、できるだけ最新の業績を把握した上で正しい経営判断を行うことが、会社を黒字へと転換させることにつながっていく**でしょう。

第二章

〝利益とキャッシュの違い〟を理解している

増田　努

1 「儲ける仕組み」とは？

経営者の仕事は、一言でいうと、「儲ける仕組み作り」に尽きるといってよいでしょう。誰に、何を、どこで、どうやって売るか。これがなければ、企業は成立しません。

したがって、どんな経営者も仕組み作りにはとても熱心だと思います。書籍を読んだり、インターネットで検索し、あるいはセミナーなどに積極的に参加し、また、実際に試行錯誤を繰り返し、既存の仕組みの改善または新しいビジネスの種を常に求めていることでしょう。

しかし、アイデアだけでは儲かる会社にはなれません。

そもそもその仕組みは、儲けることを目的にしていると思います。ですから、実際に儲かっているのかどうか成果がわからなければ意欲もわかないでしょう。また、これからやろうとしている試みが、儲かるものなのか予測できなければ、それはビジネスではなく、ギャンブルに近いものなってしまいます。

つまり、経営者の考えや、それに基づく会社の活動は、そのままでは目に見えません。**数字を使って「見える化」してはじめて成果の測定ができ、計画することができ、相手に伝え**

図表 2-1　儲ける仕組み

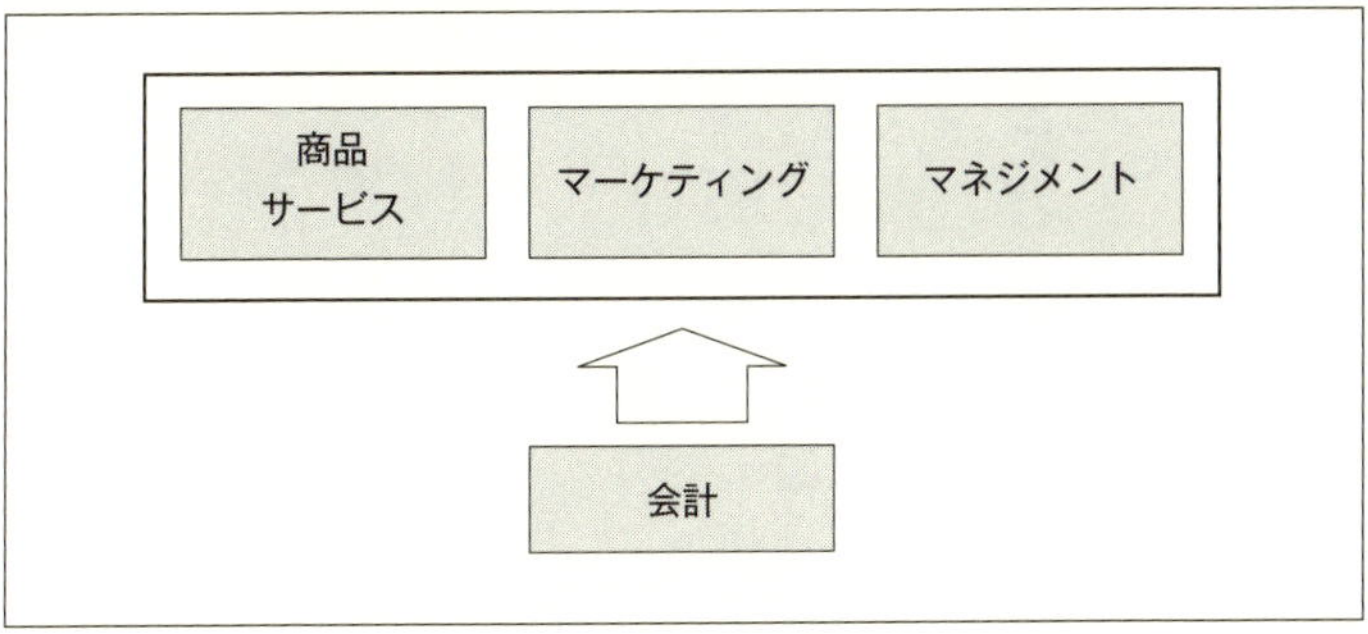

ることができるようになるのです。

そこで、企業を経営するにあたって、「数字を理解する力」「数字で表現する力」つまり、「数字力」が、経営者には不可欠となります。

経営に必要な「数字力」は、会計の知識から始まります。会計は、目で見ることのできない儲ける仕組みを「見える化」し、それを支えているのです（図表2－1参照）。

会計を理解するには、決算書を知ることが欠かせません。決算書には会計のエッセンスのすべてが詰まっています。

決算書とは、簡単にいうと、会社の成績表です。代表的なものに貸借対照表(Balance Sheet = B/S)、損益計算書(Profit and Loss Statement = P/L)、そして、キャッシュフロー計算書（Cash Flow Statement = C/S）の三つがあり、財務三表とも呼ばれています。

ただし、経営者に必要な能力は、税理士や経理担当者に求められている、取引をもとに正確な仕訳を起こし、これら決算書を作るといったものではありません。

出来上がった決算書（期中の場合には試算表となります）を見て、会社の現状を正しく把握する力が必要なのです。この現状把握が正確にできていないと、経営者の一番の役割である「儲ける仕組み作り」の誤った判断材料となり、ときには会社をとんでもない方向へ導く結果となってしまうことさえあります。

この決算書による現状把握から、経営者はこれまでの行動が正しかったのかどうかの成果を確認し、あるいは、過去の失敗を認識し、その原因を探ることができ、将来の経営に活かすことができるのです。

決算書の理解については、これまでも多くの書籍等が存在し、いろいろな方法で説明し尽くされた感がありますが、ここで私がお伝えしたいことは以下の二つの点に尽きます。

●会社にとって儲かるとはどういう状態をいうのか

日々、多くの経営者の方とお話しする機会がありますが、実はこの「儲かる会社にする」という、会社が進むべき方向、目的を明確に捉えられていない方が多いように思えます。

そのために、会社の行動が、利益を最大化させることを目指しながらも、あるときは節税を意識するあまり、必要以上の経費を使い、利益を減少させてしまう。さらには、そのために資金繰りに困り、将来への投資が滞ってしまう。その結果、あわてて高い金利で借入を行うはめになってしまう。

つまり、行き当たりばったりの経営になっている会社が少なくありません。このような非効率な経営を行っていては、目まぐるしく変化する世の中に対応できるはずがありません。

したがって、まず、**会社が目指すべき「儲ける」という目標を明確にする必要があるのです。**

●利益の計算とキャッシュの計算の違いを意識すること

また、決算書を理解する上で、誰もがつまずいてしまうのが、キャッシュフロー計算書ではないでしょうか。ほとんどの方は、B/S、P/Lについてはある程度まで理解されているのですが、C/Sについては何となくわかってはいるが、どうやって経営に活かすのかまでは自信がないという人が多いでしょう。

しかし、会社の現状把握にも、将来に向けての経営判断にも、B/S、P/Lだけでは本当の姿はわかりません。C/Sも併せて一体で見ることが必要なのです。

そのためには、**利益とキャッシュの違いを押さえることが重要になってきます。**

しかし、そうはいっても、細かいところにこだわってしまうと大局が見えなくなってしまいます。特に経営者は会社のかじ取りを行っていくわけですから「木を見て森を見ず」ではいけないのです。

したがって、この章では、専門的にならないよう、細かな法令にはこだわらず、重要ポイントに絞った説明を心がけています。大枠をつかみ、全体を把握することを心がけましょう。

これから、まず、会社の目指すべき「儲かる」とは、どういうことなのかを示し、次に、その「儲け」がどのように表現されていくのかを中心に、決算書の基本的事項を説明していきたいと思います。

この、「儲ける」ことと「利益とキャッシュの違い」を理解することで、会社経営の土台となる数字力をアップさせていきましょう。

2 目標を明確にしよう!

皆さんは、どのような目的、目標を持って会社を経営しているでしょうか?

自分の夢を実現したい。お客様の笑顔が見たい。社会に貢献したい。人それぞれ思いをお持ちだと思います。また、その思いを、経営理念として社内および社外に公表し従業員の士気の向上、他社との差別化に役立てている経営者も多いことでしょう。

経営理念は会社の憲法とでもいうべきもので、組織を運営する上で重要な役割を持っています。

外食産業や最近では介護事業でも活躍されているワタミ株式会社では、創業当初から、会社の存在意義を、「単なる営利追求組織ではなく、社会的存在であり、その使命を果たさなければならない」(HPより、筆者抜粋要約)とし、四,〇〇〇超のグループ従業員をまとめ上げているようです。

目まぐるしく変わる社会状況の中で、苦しいとき、判断に迷ったときの経営の拠り所としての経営理念が明確であるということは、企業の強さに通じるものがあると思います。

目的の明確な企業は強いのです。

ただし、その経営理念を実現するためには、「儲け」が必要です。まず、会社が儲かっていないということになれば、その提供する商品やサービスがお客様に支持されていないことになりますし、「儲け」がなければ、社会貢献する余裕も出てこないでしょう。

「儲け」は、経営理念を支える柱であり、会社の原動力です。

したがって、会社は経営理念の実現のために、まず「儲ける」ことを目標としなければならないのです。

●儲けるとは?

その目標である「儲ける」ということをどれだけ明確に理解しているでしょうか。

「P／Lは利益を計算しているわけだから、P／Lで利益が出ていることが儲かるということだろう」

「いや、手元のお金が増えていれば、儲かっているのでは」

皆さんは、どちらを思い浮かべたでしょうか?

実は、どちらも正解であり、同時に誤りでもあるのです。

ここが、会計を考える上で、一番重要で、理解を難しくしているところなのです。

●利益とキャッシュは違う

利益は、収益から費用を差し引いた差額です。収益は、商品を引き渡したとき、サービスなら提供したときに記録されます。同じように費用は商品を受け取った、サービスを受けたときです。これを会計の世界では発生主義といいます。

それに対して、キャッシュの増減は、現金の収入から支出を差し引いて計算した現金の入出金の記録です。

通常のビジネスにおいて、この収益・費用の計上時期と、現金の実際の受渡時期は、ずれるのが一般的ですから、それらの差額である**利益とキャッシュの増減額はイコールではないのです**。したがって、利益が出ていても、その分現金が増えているとは限りません。反対に、利益がマイナスでも、現金が増えていることもあるのです。

また、もっと簡単に利益とキャッシュの違いを実感することもできます。それは、「使える」かどうかです。

現金は当然価値のある通貨そのもので、現金それ自体で物を購入したり、支払に充てることができます。しかし、利益は、収益と費用の差額の概念であるため、「利益」で物は買えません。**利益がいくらあっても現金がなければ、仕入の代金や給料は払えない**のです。

●現金に始まり現金に終わる

ビジネスのスタートは現金を集めるところから始まります。元手となるお金、資本金がそれです。そして、その集めた現金を投資します。商品の仕入や店舗・機械などの購入が投資にあたります。次に、それらをもとに商売を行い、売上からかかった経費を差し引いて、その差額がプラスであれば利益を得られたことになります。

しかし、前述のとおり、利益は現金とイコールではありませんから、利益は出ていても、現金を回収しているとは限りません。もし、利益が出ていても手元に現金がない状態で税金の支払期限が来てしまうと、まさに、勘定合って銭足らずです。「利益」を税金の支払に充てることはできません。

つまり、ビジネスは、**利益を出したところではまだ途中の段階であり、現金を回収して、はじめて完結するのです。**

ただし、たとえば一〇〇万円投資して、一〇〇万円回収しただけでは、何のためにリスクを負ってビジネスをしたのかわかりません。定期預金に一年間預けていれば、低金利のこの時代でもいくらかの利息をつけて戻してくれるのです。

投資した現金以上の現金を回収してこそ、儲かったというのはいうまでもありません。

●現金は利益から

「儲け」は現金と密接な関係があることは理解していただけたと思います。

それでは、現金をとにかく増やすことができれば、儲かっているといえるのでしょうか?

決してそんなことはありません。現金は、利益が出ていなくても増やすことができるからです。お金の集め方については後ほど説明いたしますが、現金に色はついていないので見た目には同じに見えますが、自分の力で集めた現金と、他人から集めた現金とでは性質がまったく違ってきます。

他人からお金を借り入れることによっても現金は増加します。しかし借入金は、本業に基づく入金ではもちろんありませんし、あくまでも期間を定めて借りているものですから、いずれは返さなくてはなりません。

一方、自分の力で集めた現金は、誰かに返す必要はありません。会社のために自由に使えるのです。それを、新たな投資に使うこともできますし、すでにある借入金の返済に使うこともできます。

自由に使えるお金は、自分で集めるしかないのです。

それはすなわち、ビジネスで自ら利益を上げ、その利益から現金を増やすことなのです。

つまり、**「儲ける」とは、投資した現金以上の現金を、商売を通しての利益から回収することなのです**。

利益だけを追求してもいけませんし、現金だけをいくら持っていても意味はありません。

このことを明確に理解し、それに向かって経営者をはじめ全従業員が一丸となって努力していくことが、儲かる会社の作り方の第一歩になるのです。

以下では、儲けの理解の基礎となる、決算書について説明していきたいと思います。

3 利益の計算を理解する

これまで、会社は儲けることを目標に行動しなければならない、また、儲けるとは、まず、利益を上げ、その利益から、投資した以上の現金を回収することだと説明してきました。

ここでは、儲けの第一段階といえる、利益についてのお話です。

決算書はなぜ必要なのか

決算書は、どうして必要なのでしょうか?

中小企業においては、「税務署がうるさいから」「税金を計算するため」に決算書を作る、と考える方が多いのではないでしょうか?

もちろん、適正に税金を計算し、納付することは義務であり、そのために決算書が必要なのは疑いの余地はありません。その意味においては、税金を計算するために決算書を作るというのは正しいといえます。税金の計算は、正しく計算された利益に必要な調整を加えて税務上の利益（税務では所得といいます）を求め、それに税率をかけて計算します。

しかし、儲ける会社の経営者には、もっと大きな視野で決算書の必要性を捉えていただきたいと思います。大企業も含めたところで一般的にいわれていることですが、次の二つの目的を意識しましょう。

――外部公表目的

会社は、当然のことながら単独で活動しているのではありません。まず、株主から出資を受け、資金が不足すれば金融機関から借入をします。また、商品を仕入れれば取引先との付き合いがあり、販売すると得意先ができます。

決算書には、これらのいわゆる利害関係者に対しての報告書という意味合いがあるのです。もちろん、中小企業であれば、経営者＝株主　であるケースが多いため、株主に対するというよりも、金融機関に対するものという位置付けが重要になってくるでしょう。

いずれにしても、お金を借りたり、取引を始めるのですから、信用を得るための説明書が必要になってくるのです。

特に、長引く不況により、中小企業の金融機関への依存度はますます高まってきており、決算書の信頼性がさらに求められてきています。

――内部管理目的

決算書は、経営者が営業の成果を把握するための最も重要な資料です。前述のとおり、経営者のアイデアや企業の活動は目に見えるものではありません。数字によって見える化することにより、現状を把握することができ、今後の意思決定をする判断材料にすることができるようになるのです。

このように、決算書を作る目的を、今までの受け身で捉えるのではなく、積極的に考えることにより、見えなかったものが見えてくるはずです。

●B/S、P/Lの作り方

さきほど、経営者に求められる能力は決算書を作る能力ではない、といっておきながら、このタイトルに戸惑われた方も多いのではないでしょうか。

しかし、決算書を理解する上でその作り方を知っておくことはとても有効なことなので概略を説明することにいたします。

会社が営業活動の中で取引を行うと、その取引の一つ一つは、簿記のルールに従って記録されます（これを仕訳といいます）。そして、この一つ一つの記録が、同時に各科目に集計されていきます。その集計された科目の一覧表が試算表といわれるものです。
今ではパソコン会計が主流のため、特に意識されている方は少ないかと思いますが、大まかなイメージをつかんでいただければ十分だと思います（図表２－２参照）。

図表 2-2　決算書の作り方のイメージ

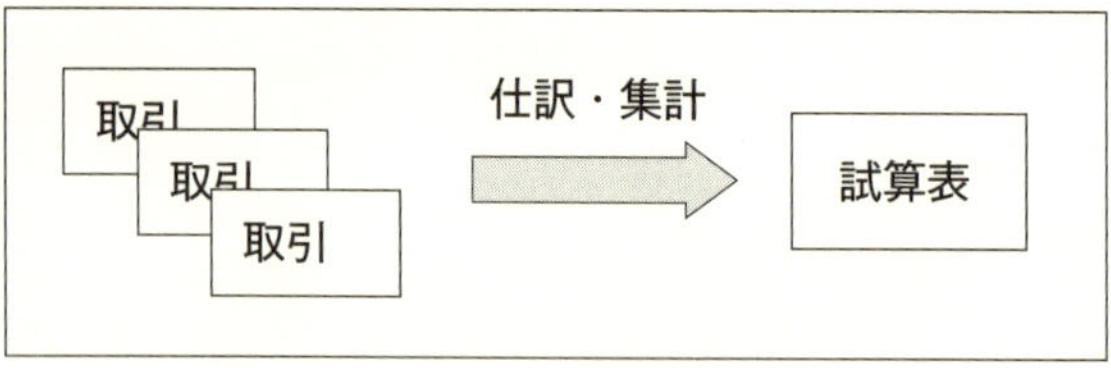

もう少し詳しく見ていきましょう。

各取引は、仕訳され、各科目に集計されるといいましたが、この集計は、科目を五つのグループに区分して行われます。資産・負債・純資産・収益・費用の五つです。

この区分は会計を理解する上で非常に重要で、私も、簿記の勉強を始める際に、一番初めにこの区分を暗記したのを覚えています。

これら、資産・負債・純資産・収益・費用は、試算表の中では、次のように配置されています。そして、決算書は、この試算表決算修正を加え、二つに分割することによって作られるのです（図表２－３参照）。

図表 2-3　B/S、P/L の作り方

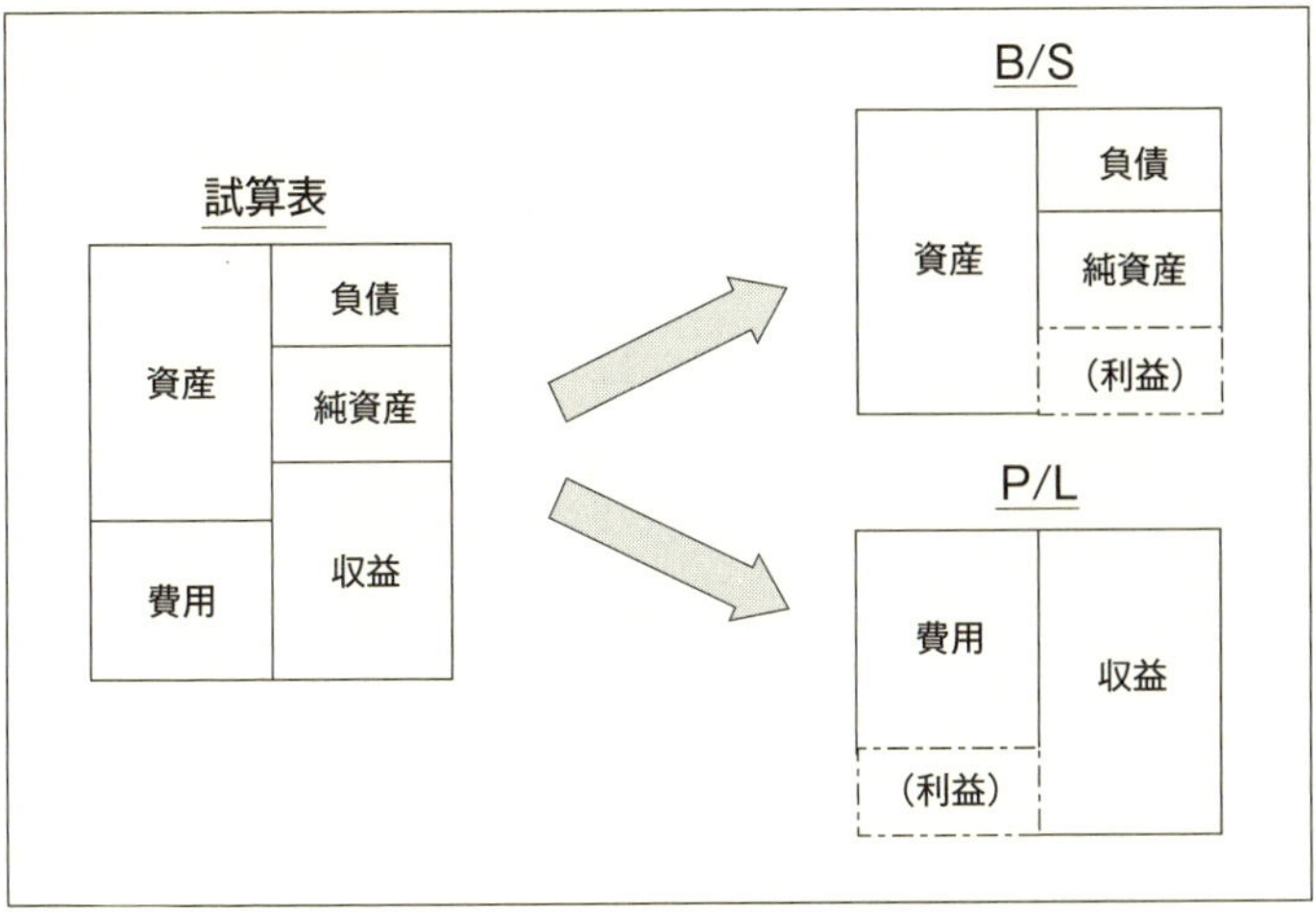

このようにして、会社の活動は会計のルールにより記録され、試算表に集計された後、資産・負債・純資産はB/Sに、収益・費用はP/Lに再度集められ、決算書が作られるのです。

なお、C/Sについては、その作られ方も、性格もB/S、P/Lとは異なりますので、後ほど説明させていただきます。

●B/Sとは

企業の活動を、会計の面から表現すると、「お金を集める」「集めたお金を投資する(使う)」「利益を出す」ということだと思います。

これは、どのような業種・業態においても共通の形です。

B/Sは、このうち「お金をどうやって集め、どのように使ったか」を表しています。

まず、B/Sの右側、「どうやって集めたか」から見ていきましょう(図表2―4参照)。

お金の集め方には、三つの方法があります。

一つ目は、株主からの出資です。これは、資本金として記載されています。

以前は、商法で資本金の最低限度額規制がありました。株式会社は一,〇〇〇万円、有限会社は三〇〇万円以上必要でしたが、会社法施行後はこの規制がなくなり、実質一円からの設立が可能になったのは、周知のとおりです。

二つ目は、第三者から集めるもので、取引先からのものには、買掛金、支払手形があり、総称して仕入債務と呼びます。金融機関からのものは借入金となります。そして、この仕入債務と借入金は、負債と呼ばれ、返さなくてはいけないお金という意味では、他人資本とも呼ばれます。

図表2-4　B/Sの負債と純資産

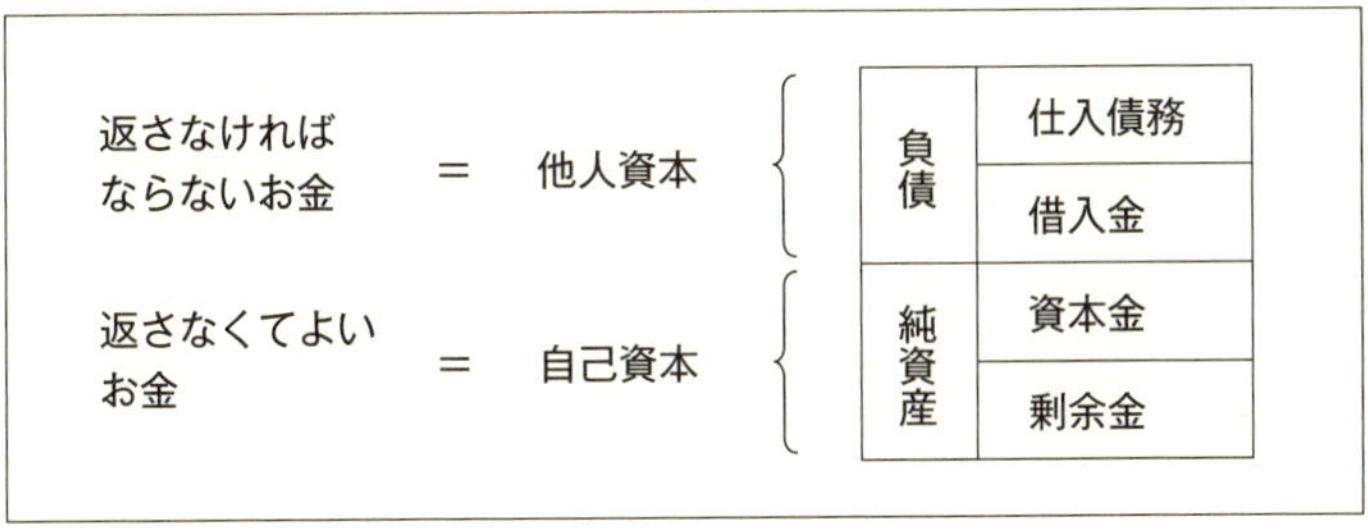

返さなければ ならないお金	=	他人資本	負債	仕入債務
				借入金
返さなくてよい お金	=	自己資本	純資産	資本金
				剰余金

そして、最後が一番重要なのですが、会社自らが稼いできた利益です。これは、資本金の下に、剰余金として表示されます。内部留保とも呼ばれます。

会社は、儲けることが目標なわけですから、この利益の大きさが、その成果を表していることになります。

そして、資本金と剰余金は純資産と呼ばれ、他人資本に対して自己資本とも呼ばれます。

次に、B/Sの左側に移ります。

このB/Sの左側に記載されるものを総称して、資産と呼びます。

ここでは、集めてきたお金を、「どのように使ったか」を表しています（図表2−5参照）。

たとえば、商品などの棚卸資産や、売掛金や受取手形などの売上債権、店舗設備、機械などの固定資産があります。

商品は、購入した値段より高い値段を付けて販売し、直接利益を得ることに貢献しますし、店舗設備や機械は、利用または製品を作ることにより間接的に利益を生みます。**資産は、利益を獲得するためのお金の使い道を示している**のです。

なお、資産の中で代表的なものに、現金預金がありますが、これは、使い道というよりも、集めてきたお金がそのまま残っている。これから投資されるのを待っているもの、とご理解いただければよいと思います。

図表 2-5　B/S の資産

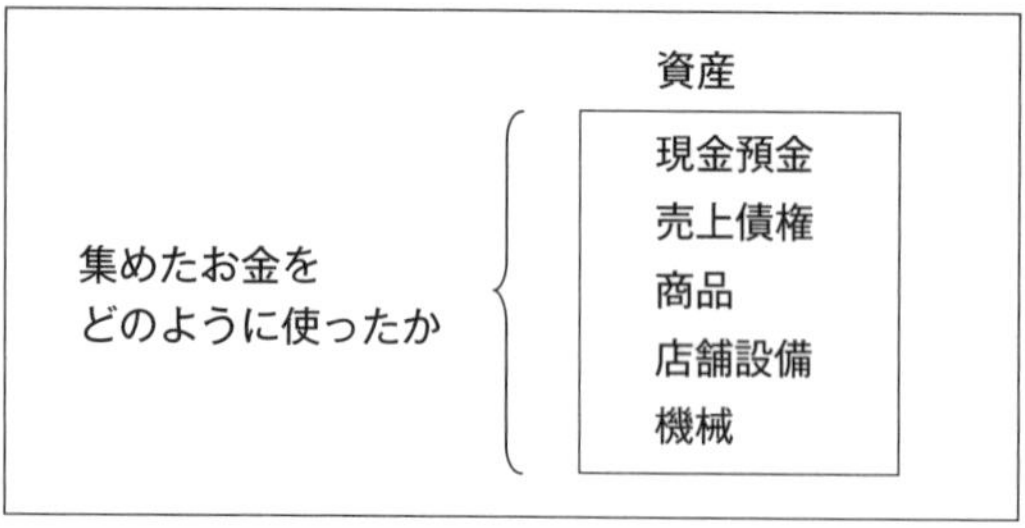

したがって、資産の中に、将来利益を生まないもの、あるいは生む力の弱いものがあれば、その会社の今後の経営は厳しいものになると予想することができます。別な見方をすれば、資産は、これから利益を生み出す手段であり、ビジネスの源泉ということができるのです。会計の世界では、このことを「資産は将来の収益力源泉である」といいます。

あなたの会社はいかがでしょうか？

ぜひ、これを機に、自社の資産をじっくりとご覧になっていただきたいと思います。

●P／Lとは

一般的に、B／SよりもP／Lのほうが、皆さんにはなじみが深いのではないでしょうか？

P／Lは、「会社の一定期間の経営成績を表す」と何度も聞いたことがあるでしょう。

P／Lの基本構造は、「**収益－費用＝利益**」です。

この利益を示すことによって、会社が儲かっているのか、儲かっていないのかという経営成績を表しているのです。

しかし、これだけでは、利害関係者への報告としてはもちろん、経営者の経営判断の情報としても不足しています。つまり、ただ単純に一括表示しただけでは、どうやって利益を上げているのかわかりません。したがって、一定のルールが決められているのです。

P／Lでは、収益と費用を、それぞれ性質の異なるグループに区分しています。そして、そのグループごとの差額としての利益を段階的に表示することによって、どうやって利益を上げたかという過程がわかるようにしています。

具体的には、五つのグループに区分され、それぞれの段階で五つの利益が表示されています（図表2－6参照）。
①　売上から原価を引いたものが、「売上総利益」です。「粗利益」とも呼ばれます。売上

図表2-6　P/Lの五つの利益

売上高 売上原価	
売上総利益	利益の源泉
販売費及び一般管理費	
営業利益	本業での利益
営業外収益 営業外費用	
経常利益	会社の実力
特別利益 特別損失	
税引前当期純利益	会社全体の利益
法人税等	
当期純利益	最終利益

総利益は利益の出発点でもあるため、すべての利益の源泉となります。

②　売上総利益から、人件費や地代家賃などの販売費及び一般管理費を差し引いたものが「営業利益」です。これは、会社が本業で得た利益です。本業での成果は当然重要であるため、他社比較などにもよく使われる数字です。

③　営業利益に会社の財務活動に関する収益と費用を加えたものが、「経常利益」となります。財務活動とは、資金運用や資金調達などのことで、会社の活動には欠かせません。したがって、経常利益は、本業の成果とそれに不可欠な財務活動による成果を合わせたものであり、会社の実力を示すものといえます。具体的には、営業利益に、預金利息や株式の受

取配当金を収益として加算し、支払利息や手形売却損を費用として控除します。

④　経常利益に固定資産などの売却による利益あるいは損失のような、臨時的、偶発的に生じたものを加減算したのが、「税引前当期純利益」です。経常利益が会社の実力を示すのに対し、突発的な損益を含めた税引前当期純利益は、会社全体の利益といえます。

⑤　最後に表示されるのが、「当期純利益」です。これは、税引前当期純利益から、法人税等の税金を差し引いて計算されます。

●利益の計算の二つの方法

――B/SとP/Lはつながっている

これまでB/SとP/Lについて説明しました。

B/Sは、お金をどう集め、どう使ったのかを表し、P/Lはどのように利益を上げたのかを表します。ここでは、そのB/SとP/Lの関係について考えていきたいと思います。

B/SとP/Lは、試算表からそれぞれに属するもの、資産・負債・純資産はB/Sに、収益・費用はP/Lに集めて作られていますが、実は一つだけ同じものが記載されます。それは利

図表 2-7　B/S と P/L はつながっている

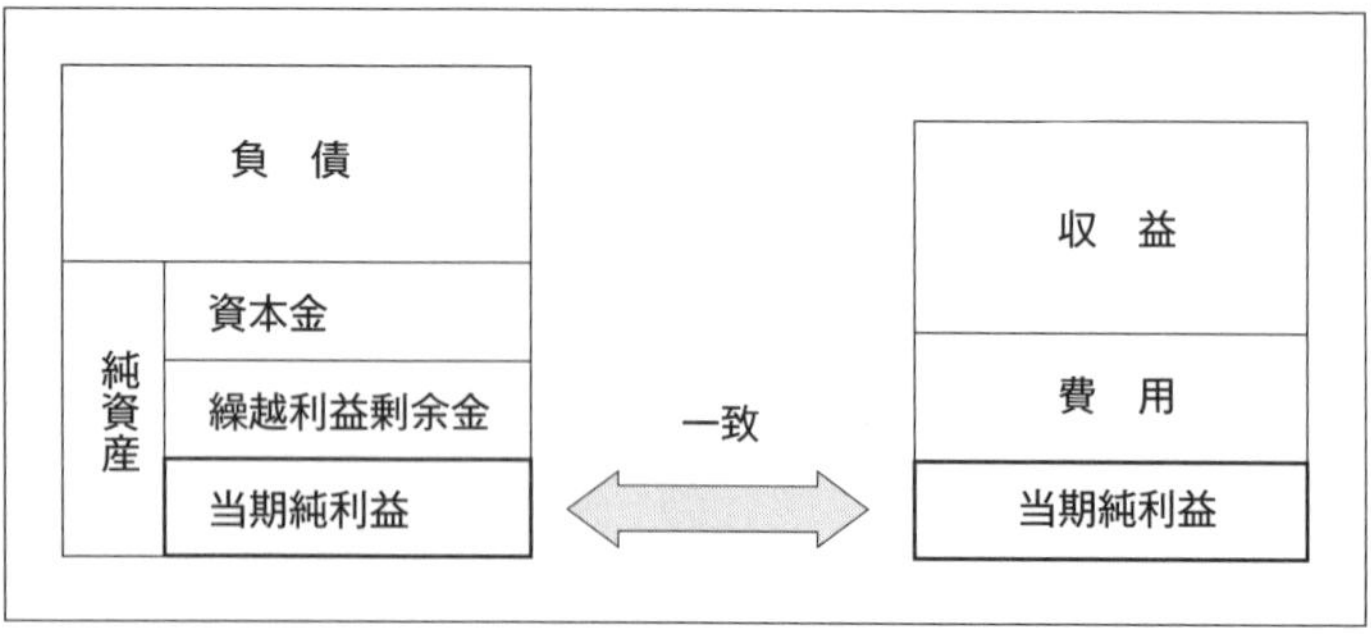

益です。

P/Lについては、収益から費用を差し引いて利益を計算するものですから、最終値に利益があるのは、いわば当たり前のことです。

B/Sはどうでしょう?

B/Sの純資産は、株主から出資された資本金と、自ら稼いできた剰余金から構成されています。この剰余金が利益なのです。

この剰余金にはさらに内訳があります。会社の設立から前期までに積み上げてきた利益の合計である繰越利益剰余金と、当期に稼いだ当期純利益です。

そして、このB/Sの当期純利益は、P/Lで計算された当期純利益と同じ数字であり、常に一致しています（図表2―7参照）。

――B/Sの利益の計算

B/Sに記録される期首の剰余金は過去からの利益の蓄積です。この期首剰余金に当期の利益である当期純利益が加算されて、期末の剰余金となり、翌期に繰り越されます。ということは、次の算式が成り立つことがわかります。

期末剰余金－期首剰余金＝当期純利益

二期分のB/Sを用いることで利益の計算ができるということです。

ここで計算された利益は、やはりこの期間のP/Lで示された利益と一致することになります。

このことから、**B/SとP/Lは、利益でつながっている**といわれています。

4 収支の計算を理解する

●C/Sの仕組み

ここまでは、複式簿記のルールに従って作成されるB/SとP/Lを見てきました。

ここからは、C/Sについてのお話になります。

まず、C/Sにおけるキャッシュとは、現金預金および現金同等物をいい、細かい定義がありますが、あまり厳密に考えることはせず、ここでは、手元の現金と預金、現金預金をキャッシュとします。そしてキャッシュフローとは、キャッシュの流れ、現金預金の増減のことをいいます。

C/Sの基本構造は、次の算式で表されます。


期首のキャッシュ残高±期中のキャッシュ増減＝期末のキャッシュ残高

C/Sは、一定期間におけるキャッシュフローの状況を示したものなのですが、増減額を示すだけではなく、増減の中身を原因別に区分することによって、よりわかりやすくしています。

その区分とは次の三区分です。

① 営業活動によるキャッシュフロー
② 投資活動によるキャッシュフロー
③ 財務活動によるキャッシュフロー

キャッシュフローをこれら三つに区分することによって、どのような活動によりキャッシュが増減したかがわかり、より正確な企業の実態がわかるようになっています。

●営業キャッシュフロー

C/Sにおいて、最初に注目しなければならないものは、営業キャッシュフローです。

なぜなら、営業キャッシュフローは、**会社が本業で獲得したキャッシュの量を表している**からです。

たとえば、小売業であれば、商品を仕入れ、人件費や家賃を払い、商品を販売するといった日々の活動から得ることができたキャッシュの量を示しているのです。

もし、この営業キャッシュフローのマイナスが続けば、主たる事業でキャッシュが稼げないということですから、企業の存続そのものに疑問符が付いてしまいます。

逆に、営業キャッシュフローが潤沢であるということは、本業でキャッシュを稼ぐことができ、その範囲内で、現状の生産能力を維持し、新たな投資、借入金の返済の原資を賄えることになるのです。

――間接法と直接法

営業キャッシュフローの計算方法には、直接法と間接法の二つの方法があります（図表2−8参照）。

どちらの方法でも、求められる営業キャッシュフローは一致しますが、その計算過程が異なります。

直接法は、入金の総額から支払の総額を差し引いて営業キャッシュフローを計算する方法です。この方法は、P/Lの計算構造に似ていることもあり、わかりやすいというメリットがありますが、作成するには細かな基礎資料が必要になり作業に時間がかかってしまいます。

一方、間接法は、P/L上の税引前当期利益に一定の調整を加えて、営業キャッシュフロ

図表2-8　間接法と直接法

間接法	直接法
税引前当期純利益	＋　営業収入
＋　調整項目	△　営業支出
△　調整項目	営業キャッシュフロー
営業キャッシュフロー	

ーを求める方法を取っています。つまり、P／Lで計算された利益をスタートとし、そこに、利益とキャッシュの違いに着目して調整を積み上げていくのです。したがって、利益とキャッシュの関係の理解に役立ちますし、その調整もB／S、P／Lの数字をもとに行いますので、作成の負担も少なく、一般的に間接法を採用している企業が多くなっています。

そこで、ここでは間接法を説明していきたいと思います。

――営業キャッシュフローの求め方

B／S、P／Lは、前述のとおり、日常の取引を簿記のルールに従って記録することにより作成されます。

一方、C／Sは、このB／S、P／Lの作成作業とは異なる形で作られるものです。

特に、営業キャッシュフローは、B／S、P／Lの数字に、利益とキャッシュのズレの調整を加え、導き出すようになっています。したがって、C／Sには、B／S、P／Lの利益計算上の

図表2-9　営業キャッシュフローの求め方のイメージ

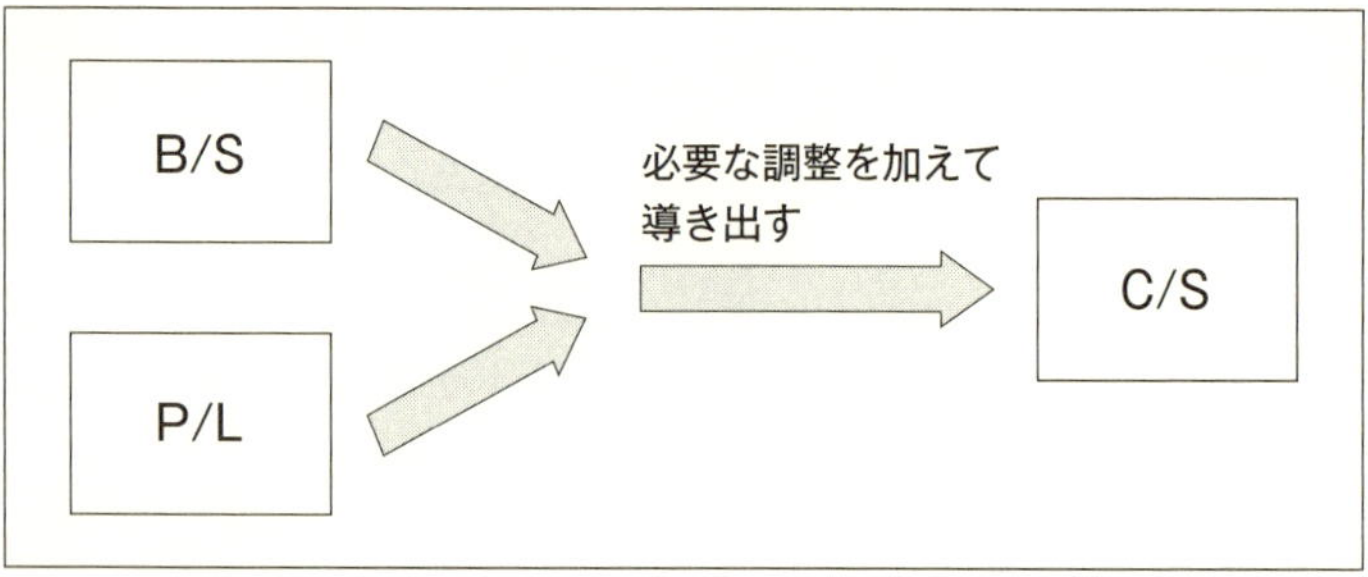

数字と、B／S、P／Lにはまったく記載されていない調整に必要な数字が混在することになります（図表2－9参照）。

具体的な作り方に入っていきますが、ここでは、大枠の理解に重点を置くため、簡易的なC／Sを想定したいと思います。

まず、C／Sは、P／Lの税引前当期純利益からスタートします。そして、ここから税金の支払額を差し引きます。P／Lに計上されている法人税等は、発生主義という利益計算上の数字なので、C／Sの計算ではそのままでは使いません。

次は減価償却費です。減価償却費については、後ほど詳しく説明しますが、キャッシュの支出の時期と利益計算上費用に計上される時期が異なる典型です。

よく支出を伴わない経費といわれますが、C／Sの計算では加算されることになります。

そして、資産負債の調整を行います。ここでは、売上債権、棚卸資産、仕入債務といった大枠を捉えればよいでしょう。

前期と当期の残高の差額を調整します。たとえば、売上債権が、前期と比べて一〇〇万円増加したとすると、キャッシュはその分減少します。これは、間接法のC／Sが、P／Lの利益からスタートすることを思い出してもらえれば理解できると思います。

つまり、売上債権が増加したということは、その分利益のもととなる売上が計上されていますから、利益に含まれています。しかし、この売上にかかる代金は、まだ回収されておらず、売上債権のままであるため、キャッシュの計算では、その分を減少させなければいけないのです。

このことは、仕入債務も同様で、仕入債務が増えれば、キャッシュフローの計算では、その分を増加調整が必要となります。

ところで、営業キャッシュフローは、その調整要因の性質から二つに区分することができます。一つは、法人税等の支払額と減価償却費までの業績に関わる部分。もう一つは、それ以下の資産負債の調整です。この資産負債の調整は、取引条件に関わる部分と言い換えることができます（図表2－10参照）。

図表 2-10　営業キャッシュフローの調整要因による区分

税引前当期純利益		業績部分
△　法人税等の支払額		
＋　減価償却費		
±　売上債権の増減		取引条件部分
±　棚卸資産の増減		
±　仕入債務の増減		
営業キャッシュフロー		

――営業キャッシュフローをよくするためには

営業キャッシュフローは、本業で稼いだキャッシュです。したがって、優秀な会社は、基本的に営業キャッシュフローはプラスであり、常に少しでも多く稼ごうと努力をすることになります。

それでは、この営業キャッシュフローを改善するにはどのような方法があるでしょうか？

このヒントは、営業キャッシュフローの構造にあります。

営業キャッシュフローの計算区分は、業績に関わる部分と、取引条件に関わる部分の二つにわけることができます。この二つにわけて考えることにより、何を改善したら営業キャッシュフローを増やすことができるかが明確になってきます。

まず、業績に関わる部分についてですが、**利益を最大化すること**、これに尽きます。C/Sは、税引前当期純利益からスタートするのですから、**はじめの数値が大きければ大きいほど、以下に続く数値は当然大きくなる**のです。

次にできることが、取引条件に関わる部分です。営業キャッシュフローの作り方のところで、B/S項目の増減によってキャッシュに影響があることを説明しました。これがまさしく営業キャッシュフローを改善する一つの方法なのです。この方法は、取引条件の改善でキャッシュを増やす、すなわち、利益がなくてもキャッシュを増やす方法です。

しかし、気をつけなければならない点があります。

効果の一過性と信用上の問題です。この方法は、即効性があり、効果をすぐに実感できますが、取引条件は相手との交渉で決まるトレードオフの関係です。つまり、こちらに有利な条件は、相手にとって不利になるのです。

したがって、既存の取引の条件を何度も改善することは難しいのです。一度交渉がうまくいったとしても、さらなる譲歩を得るのは困難で、無理な交渉を続けることで取引先との関係を悪くしてしまう可能性もあります。営業キャッシュフローをよくすることに固執して、主要な取引先を失って売上が減少してしまっては、本末転倒です。

やはり、営業キャッシュフローの改善は、まず、利益を増やすといった経営の根本的な改善を優先し、取引条件の改善は補完的な取組みにしたほうがよいでしょう。

●投資キャッシュフロー

投資キャッシュフローには、投資活動によって生じたキャッシュの動きが表示されます。この区分に含まれる、企業の主な投資活動は、図表2－11に示したようなものが挙げられます。

――投資キャッシュフローとは

この投資キャッシュフローは、健全な会社であれば、ある程度の投資を行っていると考えられますのでマイナスになります。会社にとっての投資は、現在の営業力を支え、また将来においての収益を生み出すもととなりますので、投資を抑えすぎると、将来の収益は減少してしまいます。したがって、**会社は、継続的に投資し続けなければならないのです。**

一般の中小企業における投資活動は、固定資産の取得および売却が主なものになると思いますので、ここでは固定資産についてのみ考えたいと思います。

図表 2-11　投資キャッシュフロー

±	有価証券の取得による支出入
±	固定資産の取得による支出入
±	貸付による支出入
投資活動によるキャッシュフロー	

建物や機械装置、備品等を購入した場合には、一度には費用とせずに、資産に計上します。これをキャッシュフローの側から考えると、キャッシュが出ていることになります。したがって、固定資産を購入するとキャッシュはマイナスとなり、売却するとキャッシュはプラスになるのです。

●フリーキャッシュフロー

C/Sを見る際に、まず、営業キャッシュフローに注目すべきだ、と書きました。営業キャッシュフローは本業で獲得したキャッシュ量を表し、企業活動の源泉となるものだからです。しかし、前述のとおり、現状を維持するためのキャッシュは常に必要となってくるのですから、営業キャッシュフローすべてが自由に使えるわけではありません。

そこで、営業キャッシュフローから、投資キャッシュフローを控除したあとの金額をフリーキャッシュフローと呼び、経営判断の指標として重視しています。

この、フリーキャッシュフローは、C/Sに直接表示されるものではなく、図表2－12のように計算します。

図表 2-12　フリーキャッシュフローの計算

営業キャッシュフロー	－	投資キャッシュフロー	＝	フリーキャッシュフロー
（本業で稼いだキャッシュ）	＋	（現状維持に必要なキャッシュ）		（自由に使えるキャッシュ）

フリーキャッシュフローの考え方は、プラスなら経営状態は良好、マイナスなら厳しいと捉えます。

フリーキャッシュフローがプラスならば、現状を維持するための投資をしてもキャッシュが残るので、借入返済や、新規の投資が自分のキャッシュでできる、つまり余力があることになります。

反対に、フリーキャッシュフローがマイナスならば、キャッシュが足りず、借入などの資金調達をしなければならないということだからです。

ただし、単年度のフリーキャッシュフローを見ただけで、会社の力を判断してはいけません。なぜなら、事業への投資は、その年だけのために行われるものではないからです。通常三年から五年、場合によっては十数年といったこともあるでしょう。このような場合には、複数年のフリーキャッシュフローを観察する必要が出てきます。

そして、その投資が効果的であれば、売上を通して営業キャッシュフローを好転させ、翌年以降のフリーキャッシュフローの増加につながってくるのです。

フリーキャッシュフローは、自由に使えるお金です。多ければ多いほど資金繰りに余裕が出て、戦略的な経営ができるようになります。

使い道としては、二つにわけることができます。

一つは、とりあえず社内に取っておくことです。とりあえず、というのは、将来にその使用方法をゆだねる、すぐには使わないという意味です。

もう一つは、今使う、という借入金の返済や配当金の支払です。

手元資金として内部に留保し、翌期以降に繰り越すことができれば、将来思い切った戦略的な投資が可能となり、さらなるフリーキャッシュフローの増加に貢献することとなります。また、借入金の返済がなくなれば、やはり手元により多くのキャッシュを残すことが可能になります。

ぜひ有効に使いたいものです。

●財務キャッシュフロー

財務キャッシュフローは、営業活動および投資活動を行うにあたって、どのように資金を調達し、また、どのように借入金を返済したかを示しています。

財務キャッシュフローに区分される取引にはいくつかありますが、一番重要なのは借入金の増減です（図表２－13参照）。

営業活動でキャッシュを稼ぎ、投資したあとでもキャッシュが残っていれば、そのキャッシュを借入の返済に使うことができます。

したがって、業績のよい会社は財務キャッシュフローがマイナスになります。フリーキャッシュフローで借入金を返済しているのです。

逆に、営業活動で稼いだキャッシュ以上に投資をした会社、あるいは、投資に必要なキャッシュを営業活動で稼げなかった会社は、借入で不足分のキャッシュを調達しなければならないので、財務キャッシュフローはプラスになります。こちらの場合は、フリーキャッシュフローがマイナスになり、足りない分を財務キャッシュフローで補うことになります。

図表 2-13　財務キャッシュフロー

±	借入金の増加・減少
±	社債の発行・償還
＋	増資
△	配当金の支払
財務キャッシュフロー	

●利益の計算との違い

――利益とキャッシュは次元が違うもの

収支の計算は、キャッシュという現物の出入りの計算で、私たちの日常生活にとても身近なものです。したがって、常に収支の計算を中心に物事を考えてしまいがちです。しかし、これが私たちにとって、利益の計算を理解する際の大きな壁となっているのです。つまり、数字を見るとすぐに現金を思い浮かべてしまう、ということです。

たとえば、売上高五〇〇万円という数字があるとすると、同額の現金を思い浮かべてしまう。利益一〇〇万円という数字を見ると、一〇〇万円の現金をどう使おうかと考えてしまう。

思い当たる節があるのではないでしょうか?

会社経営を通して出てくる数字は、普段接している**収支の計算の数字と、利益の計算の数字が混在しています**。

まず、このことを意識することが大切なのです。

では、利益の計算と収支の計算は、どうしてズレが出てくるのでしょうか?

――発生主義

利益計算の目的は、会計の言葉でいいますと、適正な期間損益計算を行うこと、となります。平たくいえば、正しく利益を計算することです。そのための考え方のベースになるのが発生主義という考え方です。詳しくは専門書に譲りますが、この発生主義のもとでは、まだお金をもらっていないものでも収益に計上するものもありますし、もうすでにお金を支払ってしまったものでも費用にならないものが出てきます。

また、会社は継続して営業することが前提となっています。したがって、その成果としての利益を計算するためには期間を区切る必要が出てくるのです。

以下では、利益の計算と収支計算のズレの原因を、具体的に見ていきたいと思います。

――信用取引の存在

商売を始めたばかりのときには、売上の入金も仕入の支払もその都度、現金でやり取りする場合がほとんどだと思います。やがて取引の数が多くなり、また取引金額も大きくなると、すべてを現金取引で行うのは煩わしくなってきます。そこで、現金取引から、信用取引に切り替え、会社の成長に伴いその割合が徐々に大きくなっていくようになります。

信用取引とは、複数の取引を一定の期間で区切ってまとめ、さらに支払の時期もその締め

図表 2-14 信用取引のイメージ

利益計算

売上	100 万円
売上原価	50 万円
利益	50 万円

収支計算

収入	0円
支出	0円
収支	0円

日から余裕を持って遅らせる取引です。ただ、こういうと難しく聞こえますが、掛取引・手形取引というとイメージしやすいと思います。

この信用取引が、利益の計算と収支の計算のズレの原因の一つとなります。

たとえば、売上も仕入も月末締めの翌月末払いで行う会社を想定してみましょう。

まず、商品五〇万円を仕入れました。この月の仕入はこれ一回のみだったので、仕入は五〇万円です。次にこの商品が同じ月に一〇〇万円で売れました。売上も仕入も翌月払いですから、この月の現金の動きはありません。

この場合には、利益の計算と収支の計算で五〇万円のズレが生じました（図表2－14参照）。

図表 2-15　在庫と売上原価

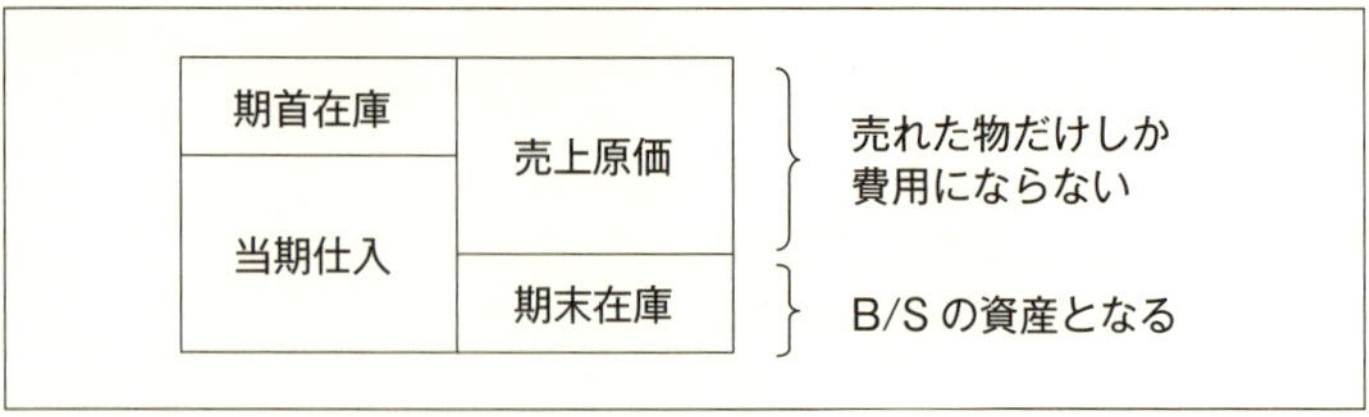

──在庫と売上原価

仕入れた商品は、売上原価として費用になるか、または、資産として在庫になるかのどちらかの道をたどることになります。

まず、売上原価ですが、次のように計算されます（図表2－15参照）。

売上原価＝期首在庫＋当期仕入－期末在庫

これも具体例を使って見ていきましょう。

前期に仕入れた商品が、期首在庫として三〇万円あります。当期一〇〇万円商品を仕入れましたが、売上は残念ながら発生しませんでした。

仕入に対する支払は、前期に仕入れた商品の三〇万円だけです。

このケースでは、利益は、売上も売上原価も〇円ですから当然〇円です。収支はマイナス三〇万円。三〇万円のズレです（図表2－16参照）。

図表 2-16　在庫と売上原価のイメージ

利益計算

売上	0万円
売上原価	0万円
利益	0万円

収支計算

収入	0万円
支出	30 万円
収支	△30 万円

ここで、利益の計算では、一〇〇万円の仕入取引は決算書に何の影響も与えないのか、という疑問が出てくると思います。確かに、P/Lの中では影響はありませんが、実はB/Sに表れてくるのです。

期首の在庫は三〇万円で、B/Sに商品として記録されています。そして当期仕入れた一〇〇万円の商品は、そのまま在庫として残っているわけですから、期首の三〇万円に、一〇〇万円が加えられ、期末在庫が一三〇万円と記録されます。

――減価償却

減価償却は、適正な利益を計算するためには不可欠な考え方です。

たとえば、五〇〇万円の車両を購入した場合を考えてみます。支払はすべて現金で、納車とともに支払いました。その車は五年間営業に使えるとします。

これを、収支の計算で捉えると、現金の支払のあった当期にい

図表2-17　減価償却 収支ベースのイメージ

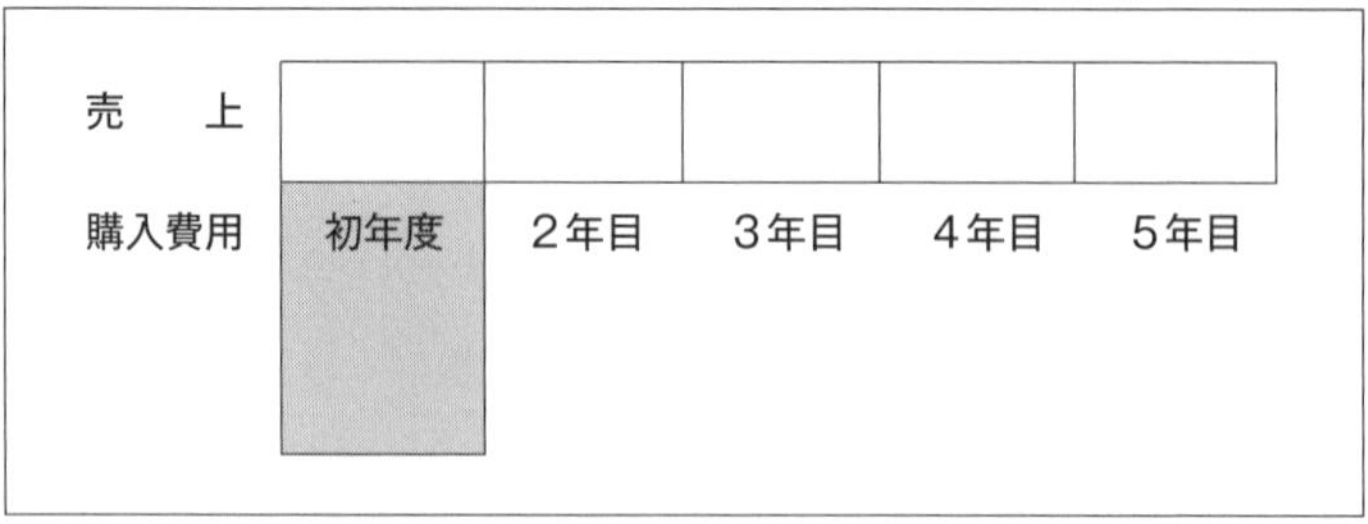

図表2-18　減価償却 発生主義のイメージ

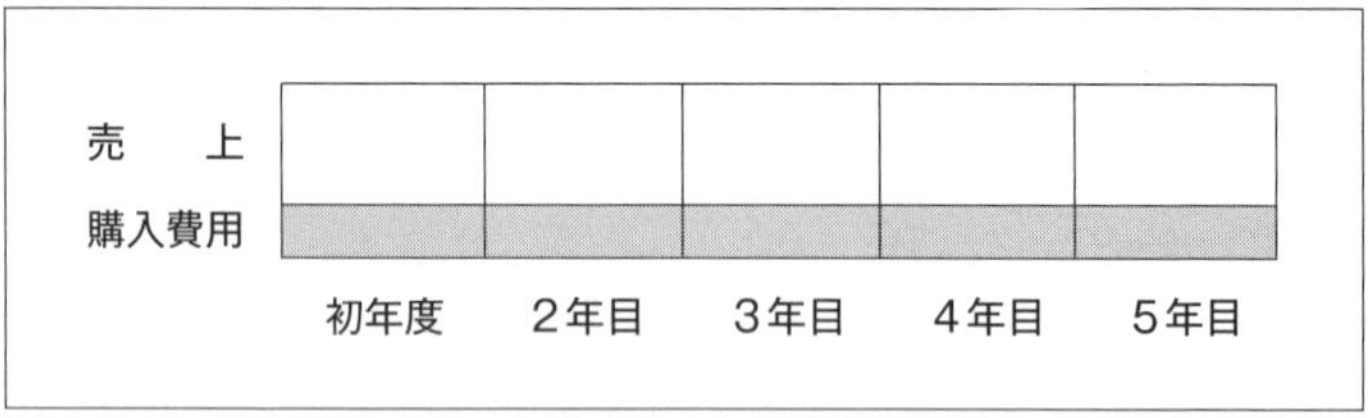

きなり五〇〇万円のマイナスになります。収支の計算は、購入初年度マイナス五〇〇万円、これで処理は終わりです。

しかし、この会社は二年目以降もこの車両を利用します。また、それにより翌年以降も売上が上がってくるわけです。したがって、使用可能な五年間に按分して毎年費用を計上したほうが、適正な利益を計算できると考えられます。つまり、五〇〇万円の購入費用を五年間で按分し、毎年一〇〇万円の費用を計上するのです。これが減価償却の考え方です（図表2―17・18参照）。

5 儲かる会社はつぶれない

●なぜ利益だけではいけないのか

これまでのところで、儲かる会社とは、利益を上げ、その利益からキャッシュを回収している会社である、と説明してきました。つまり、それは利益だけ多くても、また、多くのキャッシュを持っているだけでは儲けていることにはならないということです。

では、利益が出ているだけではどうしていけないのでしょうか？

それは、**利益の計算には、計算する側の意志の入る余地があるからです**。決算書に計上されている数字は、絶対的に正しいといえるものではないのです。計算する人によって、利益は変わってしまうものなのです。

会計のルールは幅を持って決められていますので、その範囲内であればある程度の利益調整は可能なのです。たとえば、減価償却の方法については、定額法や定率法など複数の方法が選択可能ですし、耐用年数も合理的に決めることができます（もちろん、税金計算では問題がありますが)。これにより、会社は、減価償却費という費用を調節できてしまうのです。
したがって、利益だけで判断するのではなく、キャッシュの裏付けが必要になるのです。

●なぜキャッシュだけではいけないのか

何度か説明をしてきたことですが、**キャッシュは儲けがなくても増やすことができます。**もし、キャッシュの量で会社の業績を判断するのであれば、期末に借入をすれば、業績を上げることができてしまいます。

また、会社は継続することが前提となっています。そのためには儲け続けなければいけません。前に、キャッシュは投資される前の状態だと書きましたが、儲け続けるためには、投資をする必要があります。逆に、利用されずにキャッシュが残っているということは、有効に使われていないことになるのです。

その投資が、効果的かどうかは、その後の利益に表れてきますので、キャッシュだけ見ていても本質はわからないのです。

図表 2-19　儲けのサイクル

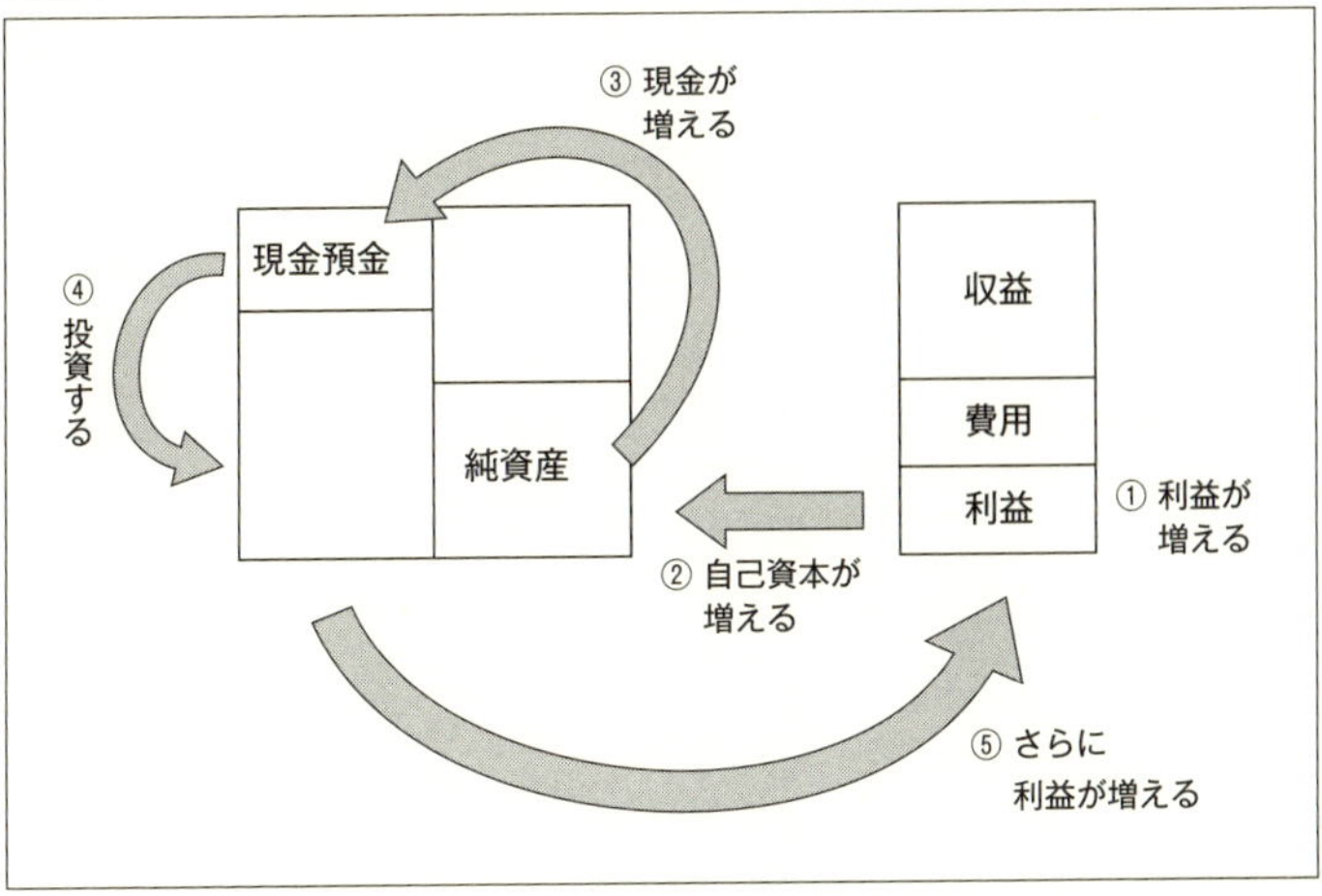

●儲けのサイクル

儲かる会社は、P/Lの当期純利益が増えます。これは、B/Sの当期純利益とイコールですから、純資産が増加し自己資本比率が上がります。そして、利益からキャッシュを回収していますから、キャッシュの量も増えています。利益から獲得したキャッシュは自由に使えるお金ですから、将来のための投資も戦略的に行えるようになります。

その結果、将来の利益も安定的に増加し、**そのサイクルを繰り返すことにより、儲けている会社は、ますますつぶれない会社になっていくのです**（図表2－19参照）。

6 まとめ

会社の経営は、船の航行にたとえられることがあります。

船長は経営者、乗組員は従業員です。

まず、船長は、目的地を正確に捉え、それを乗組員に伝えます。

また、目的地までの道のりは、日々変化する船の状態、潮の流れや風向きによって影響を受けるので、最短距離にはなりません。

会社も同じです。まず経営者が、会社の目標となる、「儲かる」を理解し、従業員一人一人に正確に伝え、それを全員一丸となって目指すことが、儲かる会社づくりのスタートであり、それを継続していくことが経営だと思います。

第三章

経営ビジョンが明確

岩木　功

私は、現在、長野県上田市という一地方都市で税理士事務所を営んでいます。仕事で関わっているのは、主に中小企業です。

そんな、日常業務を通じて思います。

個々の中小企業の動向は、そのトップのあり方で決まってしまいます。これから起業される方、今ある事業を「儲かる」状態にしたい方にとって、現在の経済状況というのは、なんとも先が読めない状況です。しかし、会社のトップである皆さんの一挙手一投足で事業の行く末は決まってしまうといっても過言ではありません。

せっかく自ら事業を営んでいるのに、毎月末の請求支払に四苦八苦するような、また、日々資金繰りのことで頭が痛く、夜も眠れない。そんな状況にならないためにも「対応力・応用力はあるが、ブレない経営」が求められます。

では、その経営が可能となるポイントはどのようなものでしょうか。

本章においては、私が税理士として関与させていただいた中小企業の事例から「ビジョン」という観点に即して、「儲かる会社」の作り方を述べさせていただきます。

1 儲かる会社には何が必要なのか

●商売をわかりやすく表現すると…

「あなたは、これからどんな商売をしたいですか？」、あるいは、「今の商売はどんなものですか？」ということを考えてみましょう。

まず頭に浮かんでくるのは、

・どんな商品・サービスを提供するのか
・どこで商売をするのか
・どんな人（たち）をお客さんにするのか
・どんな値段にするのか
・どのくらいの数を提供するのか

というところでしょうか。他にもあるかもしれませんが、とりあえず一般的にはこんな感じでしょう。ただ、これらの要素は、皆さん自身で選び決めることです。

このことを端的に言い換えれば、

・商品
・場所
・客層
・価格
・数量

と置き換えることができます。これを決定するのが「商売」なのです。

そして、周知のとおり、これらは簡単に決まるものではありません。豊富な経験に裏打ちされた、緻密な計算のもとに決まります。

というよりも、豊富な経験に裏打ちされた、緻密な計算のもとに決定されなければ、恐らく、「儲かる会社」を作ることは難しいでしょう。

それでは、「儲かる会社」は何が違うのか、何が必要なのか、を詳しく見ていきましょう。

●商売の裏に理念とビジョンあり

一般的に、前述の各要素決定の裏打ちとして、次の図のようなことがいわれます。

このうち「日々の商活動・生産活動」の具体的要素が、商品・場所・客層・価格・数量と呼応しているということになります。

ここで言葉の意味を簡単にご説明しておきましょう。

経営理念…事業遂行における基本的価値観と目的意識であり、簡単にいえば我々は何のためにこの会社に集まっているのか、を表したもの

ビジョン…企業としてのあるべき未来像がわかりやすく表現されたもの

戦　略…特定の目標達成のために総合的な調整を通じて力と資源を効果的に運用する技術・理論。企業全体の目的遂行のために立案されるもの

戦　術…個別の事象に関してどのように対処するかについて立案されるもの

この図のイメージとしては、皆さんの頭の中にある、経営理念・ビジョン（こうあるべき、こうありたい）と、経営環境把握（現実的な問題）から、経営上の戦略・戦術が編み出され、

それらに従って日々の商活動・生産活動がしっかりと行われるというものです。

一つ付け加えると、この一連の流れは、会社が複数の人間により営まれる場合に、強力な効果を発揮します。

皆さんが、一人で会社を経営していると考えてみてください。日々の会社の活動は、皆さんの頭の中で、

こうありたい願望＋現状把握 → 戦略・戦術 → 活動

という、一連の思考の中で行われており、その関係に矛盾を見いだすことは難しいのではないかと思います。

さて、皆さんに共同経営者や部下従業員がいるとしましょう。それぞれは別の人間ですので、価値観、行動基準は異なります。その中で、会社としての日々の活動に矛盾を生じず、さらに無駄をなくすためには、共通認識としての、**経営理念**、**ビジョン**、**戦略**、**戦術**が必要となります。

では、**経営理念**、**ビジョン**、**戦略**、**戦術**とは具体的にどういうものでしょう。

ここで一般企業のものを例として見てみましょう。

経営理念

・私たちの使命はお客様の事業を総合的に支援し、事業の成功に貢献することによって、その先にいる生活者を豊かにし、社会の公正な発展に寄与することです。

・情報技術で、新しい「仕組み」や「価値」を創造し、より豊かで調和のとれた社会の実現に貢献する。

ビジョン

・二〇一〇年に△△の分野で国内ナンバーワン企業

・五年後に年間売上五億円

戦略（企業戦略）

・差別化戦略…競争業者と差別化を図ることで競争優位性を発揮しようとする戦略

・ニッチ戦略…専門家やマニア向けなど、非常に限定された市場に特化し、その市場でのシェアや収益性の維持を目指す戦略

戦術

・広告宣伝における、テレマ戦術、ＤＭ戦術

・牛歩戦術（会社ではなく、政治の分野ですが）

これらをご覧になって、おわかりいただけると思いますが、本章で取り扱うような、**経営**

理念や**ビジョン**については、以下のようなことがいえるのではないでしょうか。

まず、**経営理念**についてです。

キーワードとして「**社会の発展**」ということを入れている会社が多く、会社・従業員、お客様、社会を意識しています。もしご興味があったら、インターネットなどで調べてみてください。

ここで皆さんは疑問に思うかもしれません。会社は元来、利潤追求の営利を目的としたものであり、「社会貢献」的なものは、相反するものなのではないかと。しかし、実際は会社の社会的責任（ＣＳＲ）的なところを唱え、また、それを実践している企業が多いのも事実です。

次に、**ビジョン**についてですが、これは、案外わかりやすく、具体的なものが多いと思われます。

・将来の売上
・将来の企業規模
・将来の業界シェア
・将来保持したい技術
・将来の会社の社会的地位

これだと共同経営者や部下従業員もイメージが共有しやすくなるでしょう。

ここまでお読みいただくと、**経営理念**と**ビジョン**は何のためなのかがおわかりいただけたことと思います。

経営理念は行動基準を、**ビジョン**は会社の進むべき方向を、会社・従業員、お客様、社会に対して明らかにしているものだということです。これにより、戦略・戦術が組み立てられ、日々の商活動・生産活動が円滑になり、儲かる会社の礎を築くことができるのです。

2 経営理念やビジョンは明確ですか？

●経営理念やビジョンのもとは初心にあり

皆さんは、これからリスクを背負い事業を始める方、あるいは、今会社を経営されている方がほとんどだと思います。

その立場に至るまでには、相当いろいろな経験や勉強をされ、多大なる努力と時間を費やされたことでしょう。また、ここまでに至る過程もさまざまだと思います。それまでのサラリーマン生活に別れを告げ、第二の人生を自分がやりたかった事業に賭けてみた。先代、先々代からの事業を引き継いだ。親方様のもとで働いていたが、時機が熟したから自ら経営者となるべく独立した。それぞれの方に悩みがあったと思います。

また、現在会社を経営されている方でも、順風満帆に事業を継続中の方、事業の見直しの時期に差し掛かられている方、本当にさまざまな方がいらっしゃると思います。

いずれにしても、中小企業の経営には、皆さんあるいは、その先代・先々代の「思い」がどこかに存在していると思います。その「思い」に付随して、ああしたい、こうしたいと考えることは、事業を始める前、または開業当初は恐らく大変楽しいことだと思います。

まず、大きな前提として、それが「楽しい」と感じなければ、自らがリスクをかかえながら事業を行っていく意味は半減するでしょう。

つまり、皆さんが考える経営理念やビジョンというのは、皆さんの内側に秘めた「思い」＝「初心」というのが基本になるはずなのです。

この初心が明確でない場合は、これから起こるであろう経営上の諸問題に果敢に立ち向かうことは困難かもしれません。

会社を経営していると、必ずといってもいいほど、いろいろな問題が発生します。中には長期間かかって、根気よく解決しなければ乗り越えられないようなものもあるでしょう。

それらを解決するためのモチベーションの維持、動機付けとして、初心に帰るというのは非常に大事なことです。逆にいうと、「初心」がしっかりしていない事業は、長続きしないでしょう。

時折私のところに、開業を相談しにくる方がいます。技術やネットワーク（人脈）を持った方が多いです。それらの方は、これまで雇われの身で、会社に対する不満（上司のことや待遇面のことが多いです）などから開業することを考えるようです。

とりあえず私は、職業柄、開業をお勧めしながらも、その方が食べていけるのかを数字の上で検証します。あくまでも見込みの売上と利益を用いる検証なので、残念ながら、その予想が一〇〇％当たるかはわかりません。また、必要な場合は金融機関などにも相談しながら予想を立てます。

その後、その相談者が実際に開業するかどうかは、やはり意志の固さや初心の強さによることが多いようです。

数字上、安定経営が可能と予想 → 開業する

数字上、安定経営が難しい予想 → 開業しない

必ずしもこのような図式にはなりません。

ある健康食品の小売をされようとした方は、数字上は安定経営が可能だと思われましたが、会社を興すに際して、精神的な負担から、会社にはせず、個人的なサイドビジネスとして続ける結論を出しました。

また、先般のリーマン・ショック前後で、景気低迷予想が見えている中、運送業会社を立ち上げた方もいました。周りは結構反対したようですが、「このチャンスを逃せば、一生後

悔する」とのことで、強い意志のもと開業して、現在も頑張っています。

前者のような、本人が途中で尻込みをするようなケースでは、いくら数字上の予測が「問題なし」ということであっても、いずれどこかで起こるであろう経営上の問題が発生した場合には、根気よく解決する力には乏しいでしょう。

●何のために働き、何のために儲けますか？

「儲ける」ということの前に「働く」ということについて考えたいと思います。

人はなぜ働くのでしょうか。

我が国の憲法には、「勤労の義務」というものが謳われています。しかし、憲法に「勤労の義務が謳われているから」ということを意識して働く人は、あまりいないと思います。

人によって働く理由はさまざまでしょう。

・その仕事が楽しいから
・働かないと食べていけないから
・その仕事が世の中の役に立つから

など、他にもいろいろあると思います。しかし、恐らく最低限、「働かないと食べていけない」

つまり、生活していくために働くということが根底にあると思います。

ただ、中には仕事をしなくても食べていける人もいます。

たとえば、アメリカのメジャーリーグで大活躍しているイチロー選手は、なぜあんなに頑張り続けるのでしょう。恐らく一生金銭に困らないぐらいの裕福さは手に入れられていると思います。

そう考えると、働く理由というのは、**「自分の置かれた立場・役割を全うする」**こと、ではないでしょうか。

イチロー選手は、どちらかというと、人に夢と希望を与える仕事だと思います。そうすることを義務・権利付けられた人が自己実現のために記録を出し続け、日々トレーニングなど努力するのだと思います。

また、「働かないと食べていけない」ような私たちは、それぞれの立場・役割で、それぞれの生活を全うしなければなりません。家族を守ることもそうでしょうし、会社の仕事に穴を開けないこともそうでしょう。

翻ってみると、事業についても同じようなことがいえるのではないでしょうか。

会社の置かれた立場・役割というものがあり、経営を継続していくことは、その立場・役割を全うすることが、まず、第一なのだと思いますつまり、「儲ける」理由というのは、この「立場・役割を全うする」ことと大きく関わってくるのではないでしょうか。

会社の立場・役割というのもいろいろあるでしょう。

・経営者一家を養うこと
・従業員の雇用を確保すること
・商品、サービスが世の中の役に立っていること
・債権者に借金を返済すること
・株主に配当をもって利益還元すること

私は税理士として、皆さんには事業を通じて、いっぱい儲けていただきたいと思います。儲けると納税も発生しますが、それを納めてもなおかつ余る現金預金というものを生み出していただきたいのです。

そうして余剰となった現預金で何をしましょうか。

・経営者一家の生活を豊かにする
・従業員の生活を豊かにする
・設備投資など事業展開のためにストックしておく
・地域社会のために役立てる

・債権者・株主に還元する

いろいろ考えられますが、いずれにしても、「会社の立場・役割を全うする」ことを継続して行うための元手となるのだと思います。

そう考えると、会社が「儲ける」ことと、会社が「立場・役割を全うする」することは、表裏一体の関係であり、

立場・役割を全うできる → 儲かる → 立場・役割を全うできる → …

こんな、循環する関係が成り立っていくのではないでしょうか。

では、「会社の立場・役割」というものはどのように設定すればよいのでしょうか。はたまた、人様から与えられるものなのでしょうか。

この部分は、本章の主題である「ビジョン（将来像）」ということと密接に関わってきます。

たとえば「我が社は○○の分野で日本一を目指す」というような、目標設定をし、実現を目指したとしましょう。そのことは会社の現在の置かれた立場・役割はともかくとして、将来の立場・役割を明確にするでしょう。その将来の立場・役割が「ビジョン」ということです。

中長期的に見ると、

「経営理念・ビジョン」→「立場・役割の全う」→「儲け」→「次のビジョン」→（「ビジョン」の実現）→「立場・役割の全う」→「儲け」→「さらに次のビジョン」→……（「ビジョン」の実現）

こんな感じで捉えられそうです。

「経営理念・ビジョン」を策定することが結果的に「儲け」の源泉になっているようにも見えます。

話を戻すと、「何のために儲けるか？」という質問の答えは、単純ではないかもしれませんが、一つの答え方として、「その会社のあるべき立場・役割を全うするため（人間で言い換えれば「自己実現」）」ということがいえると思います。そしてその会社の「立場・役割を全うする」ということが具体的にどういうことなのかは、それぞれの会社や経営者が、自分で納得のいくようなものを、それぞれの置かれた立場や価値判断の中で考えなければならないでしょう。

そして、それが形になったものが、まさに「ビジョン」そのものといえます。

米マイクロソフト社のビル・ゲイツ会長は、毎年億単位の収入を稼ぎ、所有資産も数えると数百億ドルといわれています。彼は稼いだお金で基金を設立し、途上国のエイズ、マラリア、結核の根絶や教育水準の改善などに尽力（寄付）しています。ビル・ゲイツ会長は「儲け」があるから寄付したのか、あるいは、寄付するために儲けたのかわかりません（無礼なようですが）。

しかし、結果的にその「途上国のエイズ、マラリア、結核の根絶や教育水準の改善などに尽力（寄付）」しなければならない、という立場・役割はビル・ゲイツ氏のものです。また、途上国のエイズ、マラリア、結核の根絶や教育水準の改善が、氏の「ビジョン」の一つなのでしょう。

儲けるならこれくらい儲けてみたいものですし、これくらい立派な「ビジョン」のもとに寄付金を拠出してみたいものです。

しかし、凡人の私たちには、それはかないません。

●会社の数十年先の姿は？

「経営理念」や「ビジョン」が会社経営には重要であると説いてきましたが、「経営理念」や「ビジョン」がしっかりしている会社は、経営危機を迎えることはないのでしょうか。

そんなことはないと思います。

でも逆に「理念」や「ビジョン」がしっかりしていない会社は、どこかしらで経営危機を迎えることも確かです。

皆さんのまわりの会社を思い起こしてください。経営危機に陥る企業は、そのほとんどが、「経営理念」や「ビジョン」がしっかりしていないか、またはそれが社内に行きわたっていない企業がほとんどです。

したがって、「儲ける」ためにはそれがすべてとはいえませんが、やはり「経営理念」や「ビジョン」がしっかりしていなければなりません。

まず「経営理念」はどのように打ち立てるのでしょうか。

巷の本やホームページには、さまざまな「経営理念」が載っています。「社是」や「社員行動指針」という形のものもあります。その多くが、「社会の繁栄」といったことを理念の片隅においていることが多いようです。

いずれにせよ、「ビジョン」もそうなのですが、「経営理念」は、経営者ではなく、従業員にとって、なじみやすいものでなくてはなりません。会社によっては、従業員と共同で「経営理念」をつくる会社もあるようです。

その理由はおわかりいただけると思います。社員としての行動の基準となるのが「経営理念」です。従業員にとっては、経営者からのお仕着せであってはなりません。従業員一人ひとりにとって、腑に落ちる、なじみやすいものでなければ、会社の方向性を意識した日常の言動というのはかなわないものでしょう。

また、経営者が独り善がりで作った経営理念よりは、従業員目線のもののほうが、世間一般にも理解しやすいものだと思います。

次に「ビジョン」はどのように打ち立てるものなのでしょうか。

ここからは、私の知り合いのある経営者の話です。

あるとき従業員たちと、酒でも飲みながら、先が見えない現状を憂いながらも、「一〇年後には今の倍の四〇人くらいの会社になっていたいなあ」と夢物語をしたそうです。

その後、従業員からは、それなら売上はこれくらい必要とか、職場の建物は何平方メートルくらい、と次から次へとそれを実現するためのイメージ作りの発言があったそうです。

やがてその会社は、一〇年を待たずして四〇人を超える会社になっていきました。

「ビジョン」というのは、それがどう出てきた数字であれ、「〇〇年後に売上〇億円」とか「〇〇年後に従業員〇人」という、強い願望だということです。そして、大事なのは、それを従業員と共有することだと思います。

「ビジョン」は断片的な事象や数字のことでもかまわないのです。

ただ、その目標・願望が他の部分の目標も自動的に定めてしまうということです。たとえば次のようなものです。

会社規模 従業員○○人 → 売上 年間○億円 → 業界シェア○位

「従業員○○人」を雇うためには「売上が年間○億円」必要で、そのためには「業界シェア○位」にならなくてはならない、といったように派生して、あらゆる目標が決まってしまうのです。

さて、皆さんの会社の一〇年後、二〇年後、三〇年後を想像してみてください。社会はどんなふうになっているでしょうか。その社会の中で、皆さんの会社はどんな立場にあり、どんな役割を果たしているでしょうか。

会社の将来の姿を想像する場合に欠かせないのが、従業員が前向きに働く姿を想像すること、それに商品・サービスを購入したお客様の喜ぶ顔を想像することだと思います。皆さんはこれから、社内においては従業員の目線でなければなりませんし、商品・サービスの取扱いにおいてはお客様の目線でなければなりません。

また、従業員やお客様の意見に抵抗なく耳を傾けなければなりません。従業員の意見に耳を傾けない経営者の会社は、従業員が長続きしません。お客様の意見に耳を傾けない商売は、お客様が離れます。これは当たり前のことです。

「経営理念」や「ビジョン」は、従業員やお客様からもなじみやすいものを、しっかりと打ち立てて、これを従業員にもしっかり浸透させなければなりません。そうすることが、結果的には「儲かる会社」を作ることにつながるでしょう。

●経営理念やビジョンを構成するもの

商売は世の中に受け入れられなければ、事業としては成り立たず、儲けることもできません。

世の中に受け入れてもらうためには、その外的要因（経営環境）を考えておかなければなりません。この外的要因（経営環境）はビジョンを作り、実現していくために深く関わってくるものでもありません。

では、外的要因（経営環境）にはどんな要素があるでしょうか。

・仕入先
・客層
・雇用

・設備
・資金調達
・景気動向
・消費者動向
・地域社会
・競争相手
・協力者

挙げ出すと切りがなさそうですが、影響の大きいものから考えるとこんな感じでしょうか。

それぞれを皆さんの行う事業と結び付けようとすると、それぞれに専門的な知識が必要になりそうです。皆さんのすでに知っている明るい分野はよいのですが、そうでない分野はどうしましょうか。

皆さんにとって明るくない分野もそれなりに情報収集をし、経営に取り込まなくてはなりません。

――雇用

たとえば、「雇用」ということを考えてみましょう。

平成一八年度の総務省「事業所・企業統計調査」によると、中小企業は、全国雇用の約七〇%を支えているそうです。

そう考えると、個々には「吹けば飛ぶよう」といわれる中小企業ではありますが、雇用に貢献している度合いは全国的にも大変大きいと思います。雇用拡大は国の大きな課題であり、中小企業はその中でも大切な役割を担っています。

また、雇用の創出あるいは維持をしている中小企業には、いろいろな制度上のメリットが付与されます。

雇用に伴う種々の補助金が、まず思い浮かびます。

他にも不調企業の事業再生局面においては、雇用維持ということを前提に、会社存続のための制度や法律の適用が多くあります。

また、雇用は安易に考えてもいけません。そこには皆さんの責任が伴うからです。特に自分の家族以外の方を雇用する場合は、その従業員の生活を保証するくらいに考えたほうがよさそうです。雇用しては辞めてもらうようなことを繰り返すのは、会社にとっても、雇われる側にとってもあまりよい効果はないでしょう。

――資金調達

次に、「資金調達」ということを考えてみましょう。

資金が必要のない方、あるいはすでに潤沢な資金がある方は、いろいろ考えなくてもよいでしょう。

しかし、新たな事業展開を考える場合には、外から資金調達をしなければならないケースがほとんどです。それを借り入れるのか、あるいは、増資で受け入れるのか。また、どれくらいの資金が必要となり、それをどれくらいの年数で返していくのか。銀行員、証券マン、会計士、税理士などに相談しなければならないかもしれません。それぞれの立場・都合でものをいうでしょう。皆さんは、それを皆さん流で取捨選択し、アレンジをしなければなりません。

いろいろな経営者から、「こちらからいいもしないのに、銀行さんから、お金を借りてくれと頼まれたよ」と自慢げに聞かされることがよくあります。銀行員からそう頼まれると、自分の会社の評価は上々だと勘違いされるようです。しかし、自社の決算書類を見せて事前審査してみると、結構厳しい結果（利率など）が待っていることが多いようです。銀行員の都合に振り回されてもいけません。

そういったことを予期した上で、その手の専門家に相談してみましょう。

また、ここでいえることが一つあります。資金面では、日本の中小企業は、金融機関からの借入に依存するケースがほとんどです。皆さんも最初は金融機関をあてにされることと思います。その状況の中では、金融機関との仲たがいが、「命取り」になるかも知れないということです。

これは、事業再生のコンサルタントとしても申し上げますが、経営不振の局面においては、金融機関の担当者は結構厳しいことをいってくることもあるかもしれません。場合によっては、皆さんの経営そのものに口出しをしてくることもあるでしょう。

そんなとき、プライドが傷つき、キレて銀行員を敵に回してしまう経営者が、結構多くいるようです。その結果、金融機関は会社を見放し、破綻に追い込まれてしまうでしょう。経営者が債務の保証をしていますと、住居まで追われてしまうかもしれません。

そうならないためにも、金融機関とは仲よく付き合っていきましょう。特に経営不振や資金難に遭遇したときが要注意です。

——景気動向

次に「景気動向」ということはどうでしょう。

ここ二年から三年、アメリカの「リーマン・ショック」に端を発した金融恐慌などにより、景気の先行きは依然不透明であるといわれ続けています。日本国内では政権交代が実現し、政権党である民主党は、これまでと違う金融経済政策を行うでしょう。

そんな中、今後の景気予測は困難を極めます。経済学者やエコノミストでもなければ、予測がつかないかもしれません。いや、専門家たる経済学者やエコノミストたちも、それぞれ異なる予測をしているようにも思えます。

その状況でいえることは、皆さんは事業を行う以上、景気動向には敏感にならなければならないということです。今起きている政治経済の事象も把握し、今後世の中や政治経済がどのように動いていくのか予測しながら事業を営まなければならないのです。

その備えの筆頭としてテレビのニュース報道番組や新聞が挙げられます。特に「日本経済新聞」の購読は、最低限のものとして必要でしょう。よく、「情報が偏るといけないから新聞は二誌以上が妥当」という方もおられるようです。優れた経営者たちの中には、「日本経済新聞」、全国誌一誌、地方誌一誌、という方もいます。

しかし、実際新聞を読みこむのは大変な労力と時間がかかります。かつて私は、「日本経済新聞」を隅から隅まで読んでいた時期がありました。一日分だと二時間から三時間かかり、それを毎日繰り返していると相当に疲れます。他のことができなくなります。約一カ月続けましたが、限界を感じ、最近では二誌を斜め読みするようになりました。

また、ここで大事なのは、その新聞記事について、あれこれと人と議論ができるか、ということだと思います。私が日常業務で接している優れた経営者は、月次監査等でお邪魔するごとに、「あの記事読みましたか」とか「このニュースは税理士さん的にはどう見ますか」などという会話になります。そのような中で、お互いの意見交換ができ、世の中の状況把握がさらに深まるものだと思います。また、そんな意見を求められたとき、税理士として、「そんな記事ありましたか」とは決していいたくないものです。

私の場合、職業柄、中小企業を中心とした経済情勢などで、研修を行ったりすることがあります。はじめのうちは、著名な方の本や講演の受け売りでした。でもそれを繰り返すうちに、次第に自分の言葉で話せるようになっていくものです。

そうした経験の中で思うのは、これまでの政治経済は、どちらかといえば、中小企業よりも大企業を中心に動いてきたということです。税制や経済政策もそのように見えます。原因はさまざまでしょうが、世界に冠たる企業群の意見は、行政側も受け入れなければならなかったのかもしれません。結果的にその恩恵を受けた中小企業も多いこととは思いますが、それは限られた業種の話といえます。

個々には「吹けば飛ぶよう」といわれる中小企業ですが、日本の経済や雇用の大半を握っています。その中小企業を中心とした政治経済となるよう願っています。

――地域社会

私たちは地域社会との関わりの中で事業を営んでいく、という大前提をないがしろにはできません。自分が住んでいる地域が数十年後に、どのように変貌をとげているのか。あるいは、どのようになってほしいのか。そのようなイメージを地域住民と共有できるかどうかは大事だと思います。

そういった意味では、我が国では、「地域の自治活動や社会貢献活動は、高齢世代のすること」との認識が強いように見受けられるので、非常に残念だと思います。

私は、これまでご縁あって、住んでいる上田市や近隣の市で、行政上の「協議委員」とか「審議委員」なる役目を担ってきました。地方自治体に行財政上の意見を一般市民として述べてきたということです。これには、二つ意味がありました。

一つ目は、地域社会の成り行きをお年寄り任せにはできないということです。我々の世代が何もいわずほうっておくと、自治会役員をはじめとしたお年寄りにより地域社会の成り行きを決められてしまいます。しかし、社会の担い手は今のお年寄りではなく、我々なのです。私は自分たちの住む地域社会は、自分たちで成り行きを決めるべきだと思っています。

二つ目は、自分自身、これまで住んだことのない上田市というところで三年前に開業し、居住することになったのですが、地域のことを何も知らずにスタートしました。我々税理士のお客さんは、近所の経営者がほとんどです。その経営者とお話しするのに地域のことを知らないわけにはいきませんでした。しかし、行政関係の「協議委員」や「審議委員」になることで、その地域のことがいち早くわかるようになりました（これはあとからわかった二次的な効用ですが）。

行政関係の「協議委員」や「審議委員」をしていると、地方都市だからか、優良企業のトップがそのメンバーの中に多く含まれています。彼らは地域社会の動向には結構敏感で、「こうすれば住みやすくなる」のような意見をよく提言しています。

――競争相手

「孫子の兵法」ではないですが、私たちは、競争相手がいる場合、その競争相手のことをよく知らなければなりません。

しかし、競争相手の情報を収集するというのは、一般的に困難を極めます。しかし、競争相手のことを知らなければ、「競合」ということも難しいでしょう。では、情報収集にはどんな方法があるのでしょうか。

・競争相手の商品、サービスを購入してみる
・競争相手の出す広告宣伝に日々注目しておく

・競争相手の顧客から聞き出す
・競争相手と仲よくなって、いろいろ教えてもらう
・自分が競争相手の顧客になって（なりすまして）、競争相手から聞き出す
などが考えられますが、重要度の高い情報を入手するには、恥や外聞を捨てる局面も出てくるようです。

そして、収集した競争相手の情報をもとに、自分は何をどんなふうに売っていくのか、という戦略を考えなければなりません。競争相手と同じ商品でもよいのか、何か差別化を図らなければならないのか、などと考えなければなりません。

通常、自分が後発である場合、競争相手は、市場シェア、生産効率ともに自社より上であると想定しなければならないでしょう。

その中で、皆さんが生き残っていくためには、
・差別化により市場占有率の拡大を狙う（挑戦型）
・低価格化戦略（競争相手の模倣）
・特定市場に限定して利潤と名声を得る（ニッチ戦略）
などの戦略が定石であるといわれています。

そして、どの戦略をどんなふう（戦術）に行うのかの判断は、まず、競争相手の情報収集・

分析が基本となるでしょう。

――協力者

皆さんにとっての、一番の協力者は、おそらく家族、友人でしょう。次の協力者はお客様だと思います。

協力者もいろいろです。

・だまって商品を購入し続けてくれる人
・商品は買わないが、お客さんを紹介してくれる人
・「紹介する」といいながらも、なかなか紹介できない人
・協力者をかたりながらも、皆さんを利用しようとする人

その中で、一ついえることは、経営者として、事業を営む場合、「人脈」は宝物であり、あらゆる「ご縁」がその「人脈」の基本となっていることです。したがって、「出会い」や「ご縁」を大切にし、そこから「人脈」、つまりはネットワークみたいなものを構築することが、事業を営む上で、必要ではないでしょうか。あるいは、生きていく上でも必要かもしれません。

優れた経営者は、必ず「出会い」や「ご縁」を大切にされているように思います。

3 ビジョンを実現するために

●会社は生き物

私たち人間は生き物であり、成長し、老化もします、また、病気もすれば、病気から回復もします。

それは、会社についても同じことがいえます。

特にそれを実感するのが、お客様のところで、月次監査をし、試算表を確かめるときです。

毎月の会社の活動は試算表に反映されます。

売上を増やした月もあれば、減らした月もあります。また、売上を増やしているのに利益を減らした月もありますし、逆に売上減ですが利益が増えている月もあります。

いずれにしても、利益が生まれ、さらに、現金預金が増加しているのであれば、その一カ月は、会社として成長でき、病気もせずにすんだのかと思います。

ここで大事なのは、皆さんにも会社が日々変化する生き物と考えていただくということです。この変化に気がつくことができなければ、ビジョンを達成することは困難なものになるでしょう。

そして、その健康状態を把握する手段として、月次決算が大変有効だということです。月次決算による業績把握の仕組みは多少面倒でも必ずできます。

会社の健康状態に支障があったとき、いち早く手を下すのは経営者です。適切な時期に適切な処置を施さなければ、会社の健康状態はさらに悪化するでしょう。

事業再生を行ってきた経験からいえば、ダメになる企業は必ずといっていいほど、経理が杜撰です。形式上の経理事務は行っているのですが、正確性・適時性を欠き、名ばかりの経理事務になっているということです。そして、その経理データからは、会社の健康状態などはとても把握できません。

したがって、経営者が適時に適確な手を打つということはありませんし、知らないうちに資金繰りが悪化し、ある日突然、借金の返済ができなくなります。

また、よく見受けられるのが、会計コスト削減のため、経理処理は年一回決算・申告の時期にしかしないという会社です。これもあまり好ましくありません。

会社の健康状態が年一回しかわからないということであり、会社の病気が一年後に発覚することです。人間にたとえると、命に関わる病気になっているのに、発覚が遅れて、その間何の手も施されていないということです。

これで皆さんにも、「儲ける」ためには、会社は生き物であると捉え、さらに月次に試算表を正確に作成し、会社の健康状態を把握する必要があることを、深くご認識いただけたと思います。

とある優良企業の経営者は、毎月私が試算表を作成するたびにその数字について議論になります。損益・貸借の各項目について、なぜそんな数字になったのかと。その経営者と私は、いちいち資料を引っ張り出したり、経理担当者に聞いたりしながら中身を確認します。そうして、この一カ月の業績について経営者は納得します。この経営者は、いつも自社の売上・仕入・在庫・利益を把握して、その動向をつかんでいます。

細かいことのようですが、これは非常に大事なことだと思います。

余談ではありますが、その経営者との対話は、数字の確認だけで終わるものではありません。そのあと、世間話に始まり、今後のこと、場合によっては家族のことなど、話は四方八方に及びます。毎月の企業への訪問で、最低でも三〇分は、経営者と業績やその他諸々のことをお話しします。私自身、それがよい勉強になるということもありますが、中小企業の経営者は、家族や従業員には話せず、税理士にしか相談できない悩み事をかかえていることが多いようです。そういった経営者は、自分の悩みや心配事を一通り話すと、解決策がその場で見つからなくても、ある程度安心します。心がある意味で解放されるのでしょう。

●健康診断結果を活かしましょう

会社経理から会社の健康状態がわかるという話をしましたが、会社経理から得られるデータがすべてというわけではありません。そのほかにも、会社の経理データに表れない部分というのもあります。従業員の能力など会社の持つ潜在的な力というものがそれにあたると思います。したがって皆さんは、

・月次試算表
・財務指標数字
・数字に表せない状況、人材能力

などをフル活用して経営にあたらなければなりません。

知るべきことを知ったら、必要な手を打たなければなりません。

以前関与していた会社の中に、財務指標の「労働分配率」が常に高い会社がありました。毎回指摘するのですが、経営者からは、決まって「ウチの人員構成は特殊だから」というだけで、目を向けようとしませんでした。

確かにその会社の従業員は、年齢構成的に高年齢の方が多く、そのため同業他社に比べ人件費がかかってしまい、労働分配率が高くなっていました。いわゆる「働かない割には、給料をもらっていく」タイプの従業員が多かったということです。

この会社は、やがて経営が傾いていきます。人件費のことだけではなく、他の要因もあって傾いていくのですが、経営者が万事そのような対応だと、会社も当然のことながら傾いてしまうでしょう。

その経営者は何をするべきだったのでしょうか。会社が傾く前に人件費・給与制度にメスを入れ、労働分配率を改善する必要がありました。人件費・給与制度にメスを入れられないなら、今ある従業員の生産性を必要レベルまで上げることを考えてもよかったかもしれません。

その会社は最終的には、別の資本が乗り入れたような形で継続しましたが、かわいそうだったのはやる気のある若手社員たちでした。

ある日経営者が代わり、それまでのやる気も評価してもらえず、給料も下がってしまいました。モチベーションを維持するのも大変だったことでしょう。

経営者は自分の会社について、知るべきことは知る、行うべきことは行う、という責任があります。知るべきことを知らなかった、あるいは、知るべきことを知っていたが、そこから派生して、当然に行うべきことを行わなかった。この場合には、いろいろな方面に悪影響が及びます。これでは「儲かる」会社は作れません。

そのような会社は、人間にたとえると、定期健康診断をきちんと受けない、または、受けてその結果悪いところが見つかっても改善しようとしない。そんなふうに見えます。これでは健康状態は正確にわかりませんし、病気にかかっても自覚症状がない限り見過ごされてしまいます。

会社が病気になって（傾いて）、悲しい思いをするのは、従業員とその家族です。経営者は、従業員が安心して働ける環境を作りださなければなりません。

「経営理念」と「ビジョン」をしっかり立てて浸透させることの重要性を述べました。その「ビジョン」実現のために、「月次試算表の作成」と「健康診断結果を利用」してしかるべき手を打つ、ということは、密接に絡んでいます。

「月次試算表の作成」と「健康診断結果を利用」してしかるべき手を打つ、ということの積み重ねが「ビジョン」の実現につながっていきます。

●会社経営は試行錯誤の繰り返し

優れた会社の経営者は、得てして気が短い方が多いように思います。「気が短い」といっても、他人に感情的に八つ当たりするということではありません。会社成長のために、試行錯誤を繰り返すということです。そういった経営者は、「試しにやってみる→失敗だった」の経験を細かく繰り返し根気よく行います。その中から成功事例を経営に活かすことにより、事業の水準や商品の付加価値を上げていきます。

探究心と根気よさが求められるということだと思います。そのような経営者は、会うたびに「今こんな動きがあって、それについてこんなことを考えていて、こうしようと思っている」ということをお話しされます。

また、時代の流れにも対応しなければなりません。「時代の流れ」として、環境や健康への志向を主流とする長期循環型社会・スローライフといわれる社会に変貌しつつあります。消費動向も環境・健康に向かうことは、昨今の消費事情から明らかと思われます。

自動車の世界では環境対応型のハイブリッド車の売れ行きが大幅に伸びており、食品を購入する際は、産地を必ず確認する消費者が増えています。

こういった流れは、環境志向や健康志向の表れであるといえます。

そのような中で、二〇年前のバブル期のような、大量販売を行った場合に、その事業は今の日本で受け入れられるでしょうか。

答えは明らかだと思います。

そのような、変貌する時代の流れに乗って、会社経営のため試行錯誤を繰り返さなければなりません。

法制度の改定もしかりです。

それぞれの業界で、法制度は日々改正されています。「官報」を一度ご覧になってください。国会が開会されている時期は一〇本以上の法制度改正が掲載されています。そして、さまざまな事業が、その法制度改正の影響を受けます。

まずは、自分の業界の法制度改正をもれなく、いち早く知らなければなりません。そうして、その法改正がわかった場合、会社の仕事のやり方をどうするか考えなければなりません。

大企業・中堅企業でしたら、法務部門というのがあり、法改正対応などはまとめて行ってくれるのでしょう。しかし、中小企業の場合はそうはいきません。皆さん一人ひとりがその担い手です。したがって、業界の専門誌を購読する等で、もれなく把握できる仕組みを作らなければなりません。

こういった、大変細かいような試行錯誤も必要となってきます。もちろん有能な部下がいて、その方が法改正の対応まで責任を持ってくれるようなケースもあるかもしれません。しかし最終的な責任は皆さんがとらなければなりませんから、法改正にも無関心ということはできないと思います。

「ビジョン」を実現するためには、日々の努力が必要となります。「ビジョン」はある日突然実現できるものではありません。数年かけて、日進月歩で実現していくものです。

イチロー選手もあの輝かしい記録の裏には、日々の地道なトレーニングの努力が隠れていることを見過ごしてはいけないでしょう。

4 まとめとして

正直なところ、無責任なことをいうようですが、事業成功の秘訣といっても、明確なものがあるわけではないと思います。あれば皆がみな、実行し成功していくでしょう。

つまり、事業を行う上で、リスクや窮境はつきもので、いろいろな局面で生じてくるものだと思います。

しかし、皆さんが、会社の経営者として事業を継続し発展させていく上では、その事業上のリスクや窮境を乗り越えなければなりません。その乗り越える原動力は、(頻繁にいわれることですが)「情熱」でしょう。

よく「経営は命がけ」といいますが、まさにそのとおりだと思います。「命をかけている」というくらいの入れ込みようでなければ、事業は成長できないでしょうし、「儲け」を生むことも難しいかもしれません。

そして、その皆さんの情熱が込められた経営に、しっかりとした方向付けをできるのが、「経営理念」や「ビジョン」であるのです。

第四章

内部統制によって〝仕事の見える化〟を図っている

中澤政直

1 内部統制って何？

●内部統制は「不正や、処理ミスを防ぐ仕組み」

「内部統制」といっても、「それって、何？」という人も多いのではないでしょうか。また、内部統制という言葉を知っていても、それぞれ受け取り方が違うと思います。

内部統制というと、形式的な取組みが中心で、経営者にとっては自由な経営ができなくなり、現場の社員にとっては無駄な作業を強いられるもののように、誤解されることが多いようです。

内部統制について、個人を例にとって説明します。人は失敗をするものです。忘れる、思い違いをする、飽きることから集中力をなくす、など、失敗はさまざまな原因から起こります。この失敗を防いだり、早く発見したりするためには、「心がけ」だけでは足りません。**「仕組み」が必要**です。

仕組みとしては、たとえば、もの忘れによる失敗をしないために、忘れっぽい人はメモを取ること。メモを取ったことすら忘れてしまう人は、決まった手帳にメモを取るなど、メモを取るものを決めておくこと。やらなければならない仕事を思い出せるように、メモを毎朝必ず見て確認すること。このような**ルールを作っておく**ことが考えられます。

平たくいえば、**内部統制**は、このように「**失敗しない仕組み**」を、会社を対象にして作っていくものです。

「失敗しない仕組み」という言い方を、会社を対象にした言い方に変えて、「内部統制は**不正や、処理ミスを防ぐ仕組み**である」、というように単純に考えていただくと、わかりやすいと思います。

●内部統制を整えると、どんなよいことがあるの？

この「不正や、処理ミスを防ぐ仕組み」により、経営者の負荷を減らして、経営者の本来の仕事である**「経営者としての仕事」に専念**してもらえる。これが**内部統制のメリット**です。

「経営者としての仕事」は、売上を上げること、言い換えれば、営業と新しい事業の開発です。そして、経営者にこれらの仕事に専念してもらうための**環境を整えていく**のが、内部統制です。

内部統制は構築したら構築しただけの効果があるものです。公共事業にたとえれば、橋などの建設工事は、完成しないと使うことができないので、それまでは効果が出ません。一方、公園の整備のように、花壇を広げて花を植えていく工事の場合、きれいな花を植えたら植えただけ、公園を訪れる人に安らぎを与えてくれるという効果が出ます。

内部統制も同様に、処理ミスを防ぐ仕組みを一部でも**構築すれば構築しただけ**、間違いを防ぐという効果が表れてきます。

●会社は、まわりの人たちから不安を持たれている

会社は、会社のまわりの人たちから、次のような不安を持たれています。

会社に対する不安の例

① 株主からは、業績の見通しは大丈夫かという不安
② 取引先からは、取引を続けても大丈夫かという不安
③ 顧客からは、安心して利用できる商品かという不安

④　銀行からは、ちゃんとお金を返してもらえるかという不安
⑤　社員からは、このまま勤めていても大丈夫かという不安
⑥　地域社会からは、環境を破壊していないかという不安

会社は、これらの不安を取り除き、顧客に喜ばれ、利益が出て、株主にも配当ができて、社員の生活が安定し、借入金の利息や法人税の支払もでき、地域社会に貢献できるようにしていかなければなりません。

「会社」と名乗っている限り、その組織は単に経営者個人のためだけに存在しているのではなく、**社会の一員**として、一定の責任を負っていると考えるべきです。

内部統制を構築していくことにより、このような、会社のまわりの人たちが持っている**不安を解消**していくことができます。

●会社の究極的な目的は「利益を生み出し、存在し続けること」

会社の究極的な目的、存在意義は「**利益を生み出し、存在し続けること**」です。会社が利

益を上げ、発展させ続けていくことは大変難しいことです。そして、会社の発展のためには、一時的に儲けるのではなく、「**儲かり続ける会社**」を作っていかなければなりません。

そのためには、経営者個人の力量に頼るのではなく、会社という組織自体のレベルを高めていかなければなりません。内部統制という仕組みによって、この**組織としてのレベルを高めていく**ことができます。

一時的に業績が好調でも長続きしない会社と「儲かり続ける会社」は、この「内部統制」が働いているかどうかに違いがあるのです。

●内部統制の構築のイメージ

ほとんどの会社は、規模が小さいところで開業しています。最初の頃は、社員も数人しかいないため、経営者と社員とのコミュニケーションも良好で、経営者が自分の考えを社員に伝えたり、社員が自分の思いを経営者に伝えることも簡単でした。

しかし、会社の規模がある程度大きくなってくると、社員も増加し、経営者と社員とのコミュニケーションが取りづらくなってきて、経営者は社員が何を考えていて、仕事ぶりはどうなのか、ということを、なかなか把握しづらくなってきます。

このような状況になった場合、経営者は、たえず自分が、細かなことまで見ていなくても、会社の業務がスムーズに流れていくように、さまざまな**社内の決まりごと**を作っていきます。この過程がまさに内部統制の構築になるのです。

経営者は、営業や製造のことは詳しくて得意でも、経理や管理のことが苦手な場合が、しばしばあります。

会社経営を軌道に乗せるために自分の得意な分野に力を注ぐことは、やむを得ないことです。しかし、「儲かり続ける会社」を作るためには、経営者自身が**経営数値に強くなる**必要があります。前年と今年との実績を比較してみて、異常がありそうな場合、その内容について担当者に対して理由を聞き、**異常を発見**して処理ミスや不正を見抜く力を身につけることが大切です。

このことによって、経営者が会社のそれぞれの業務を充分に把握していることを社員に実感させ、不正や処理ミスに対する**牽制効果**を上げることもできます。この牽制の効果も内部統制の重要な要因です。

経営者が自分自身の行動として行うことのできる、このような内部統制とともに、会社としては、**「仕組み」としての内部統制**も作っていかなければなりません。

業務に関する処理ミスや不正を極力減らすためには、規程や業務マニュアルの作成などによって**業務を標準化**したり、ある程度、部下である社員に**権限を持たせ**て仕事を任せ、それぞれの**社員の役割を分担**することも必要です。

その際に、部下に任せきりの業務をできるだけなくし、特に金銭に関わる業務は、必ず**上司の承認**や**チェック**が入るような業務処理の流れをつくることが重要です。

●中小企業の業務管理上の問題

中小企業では、営業活動が特に重視され、管理面は手薄になっていることは珍しくありません。このような状況の中で、次のような問題がしばしば起こります。

よくある業務管理上の問題

①販売業務

・受注が口頭だけで行われ、記録がされていないため、商品・数量・納期などで誤りが生じた。

・信用状況を調べずに取引を開始したため、新規取引先の大口債権がこげついた。

・不良債権が発生しているにもかかわらず、債権管理に対する意識が低いため、その不良債権が放置されている。

②在庫管理業務

・在庫管理の意識が低く、季節商品の売れ残り在庫があるにもかかわらず、放置されている。

・在庫の受払い管理をしていないため、期末の棚卸しをしないと在庫数が把握できず、在庫がないと思いこんでしまい販売機会を逃した。

③購買業務

・販売計画や生産計画を意識せずに発注が行われているため、欠品が生じたり、過剰在庫が生じたりしている。

・請求書の内容を確認せずに、支払が行われてしまい、過払いがあっても気付かず、支払先から連絡があって、はじめてそのことに気付いた。

④資金管理業務

・資金繰表が作成されておらず、資金の必要時期が大まかにしか把握されていないため、急に資金が必要になって、資金繰りに駆けずり回ることになった。

・同じ人が伝票の起票と入出金管理を行っているため、牽制が働いていない。

また、次のような会社に心当たりはありませんか。

もともと経営者は営業畑出身なのですが、大事な資金繰りは心配で部下に任せられず、経営者一人で営業も資金繰りもすべて見ている状況です。したがって、経営者が銀行との交渉も自分でしなければならず、資金繰りが厳しくなってくると営業に時間を割けなくなってきます。

営業に時間を割けなくなった分、商売そのものがうまくいかなくなってきます。ところが、そういう状況だからこそ、早めに資金繰り予測ができなければならないのに、資金繰り状況に関連する情報を、もれなく収集できる体制になっていません。

そのような中で、思いのほか大きな金額の請求がきてしまいます。その時点ではじめて、経営者は資金不足に気付き、取り掛かり中の営業活動をほうり投げて、資金対策に駆けずり回らなければならなくなるという、最悪の状況に陥ってしまいます。

このように、経営者が自ら資金繰りの実務までやっていてはいけません。資金繰りの実務は部下に任せるべきです。経営者は、営業や新しい事業の開発など、経営者として会社の業績を伸ばすための、前向きな仕事をしていくべきです。

管理職は、自分の仕事の一環として、部下の仕事をしっかり見てあげているでしょうか。

通常は、「新しい取引の開始は、担当者の判断だけで行わず、管理職である上司の承認を得なければならない」、また、「日常の伝票の処理については、上司の承認が必要である」、というような社内のルールがあると思います。でも、忙しさにかまけて、上司が内容をよく確認もせずに、書類に承認のための印鑑を押したり、部下に代わりに印鑑を押してもらうことが、日常的に行われている、ということはないでしょうか。これでは「上司の承認」という行為が、形ばかりのものとなり、なんら管理職としての責任を果たしたことにはなりません。

しかし、中小企業では、もともと社員が少ないことから、管理職が一人で担当する業務も多くなり、役割分担があいまいになりがちです。このように、結果的に「不適切な業務の流れ」となってしまっていることも多いと思います。

このような問題を解消するためには、**役割分担や承認基準をはっきりさせること、業務マニュアルを作ること**などにより、**業務の流れの作り直し**が必要です。

中小企業では社員の退職も頻繁にあり、組織力が強いとはいえません。だからこそ、内部統制を構築することで組織力を高めて、ステップアップをしていかなければならないのです。

●なぜ内部統制が必要か

会社という組織をしっかり運営していくためには、ルールが必要です。

組織は、ただ単に人が集まったものではありません。ただ集まっただけでは、それは組織ではなく、単なる集団です。

組織の目標を達成するためには、**ルール**や、その**ルールを守る仕組み**が必要です。内部統制は、社員がルールを守る仕組みを作るものです。

内部統制が有効に機能している会社では、守るべきルールや基準がきちんと**文章化**されています。そして、社員はそのルールや基準を守れば、その範囲内で**自分の裁量で判断**ができるという**安心感**を持って仕事に打ち込むことができます。

一方、内部統制が機能していない会社では、守らなければならないルールや基準がはっきりしていなかったり、重要な決まりごとが文章化されず、誰でもが見られる状態になっていません。このような状況では、社員が自分で判断しなければならないことが多くなり、個々の社員の負担が大きくなってしまいます。

内部統制は、仕事を「決まりごと」でがんじがらめに縛るのではなく、**「決まりごと」と「判断が必要なこと」とのバランス**をとっていく仕組みです。

中小企業では人員が限られているので、一人の社員に複数の業務を担当させざるを得ない場合が多く見られます。その結果、相互チェックが働かなくなり、処理ミスや内部不正を生みやすい企業体質になるおそれがあります。

内部統制によって処理ミスを防ぎ、業務の品質や処理スピードを高め、また、不正が起きない仕組みを作っていく必要があります。

どの企業でも形はどうであれ、**仕事のルール化**は今までもやってきたことだと思います。しかし、それが形ばかりのものになっていないでしょうか。あるいは不十分な状態のままになっていないでしょうか。形だけのもの、不十分なものを、内部統制を作っていく過程で見直し、使えるものにしていかなければなりません。

中小企業では、人員が少ないことから、社員が退職していくことで、業務の質が低下するリスクや、業務の質が担当者の能力に大きく左右されるリスクがあります。また、ルールが文章にされていないことが多く、業務を進めていく上でのさまざまな判断が、担当者任せになってしまうリスクがあります。結果的に、業務の効率が落ちたり、顧客からのクレームが発生したり、問題への対応が遅れたりする弊害が生じます。

このようなリスクを低く抑えるために、内部統制を構築して、「業務の標準化」「責任範囲の明確化」「ルールやマニュアルの文章化」などを行っていくのです。

【1のまとめ】

① 内部統制は、不正や処理ミスを防ぐ仕組みです。
② 内部統制は、経営者に「経営者としての仕事」に専念してもらう環境を整える仕組みです。
③ 内部統制は、会社のまわりの人たちの不安を解消します。
④ 「儲かり続ける会社」は、内部統制がしっかり働いている会社です。
⑤ 経営者は、仕組みとしての内部統制を作っていかなければなりません。
⑥ 役割分担や承認基準をはっきりさせること、業務マニュアルを作ることが必要です。
⑦ 内部統制は、仕事の上での「決まりごと」と「判断が必要なこと」とのバランスをとっていく仕組みです。

2 内部統制は会社経営にどのように役立つのか

●不正ができないような仕組みを構築

内部統制は、不正ができないような仕組みを構築することにつながります。このことは、社員が働きやすい環境を作るということになります。

社員が会社のお金を使い込んでしまった事件について、「社長は取材に対し『元課長を信頼し、会計を任せきりにしていた。反省している』と釈明した」というような内容の記事を、よく新聞で見かけます。

仕事の手順が明らかにされないまま、特定の社員に仕事を任せきりにしているうちに、その仕事のことがわかる人が、その社員しかいなくなってしまっている、という状況は多くの中小企業で見られることです。

自分が一番のベテランで、誰もチェックする人がいなくなって長年経ってしまったときに、家族の事故で急にお金が必要になってしまった。「毎日こんなに残業しているのだから、少しぐらいのお金は使ったっていいだろう」と思って、どうせ誰もわからないからと会社のお金をちょっと借り、すぐに返すつもりで使い込んでしまった。それが発覚しなかったのをいいことに、使い込みを繰り返し、発覚したときには取り返しのつかないような金額になってしまい、犯罪者になっていた。

図表 4-1　不正のトライアングル

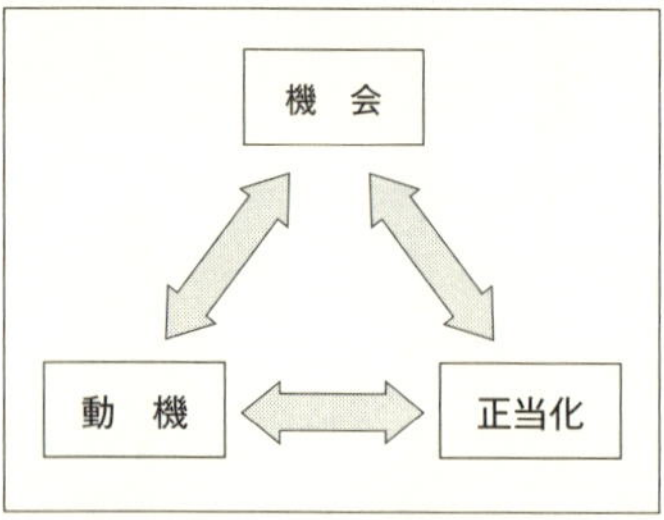

これは新聞などでよく取り上げられる典型的な不正の例です。

善良な人にも魔が差すということがあります。そのようなことが起きないような仕組みをしっかり作るのも経営者の責任です。

不正や問題行動は小さく始まり、大きく育つものです。**育つ前にもとから断つ**ことが重要で、そのためには、「**機会**」「**動機**」「**正当化**」の「**不正のトライアングル**」を切り崩す必要があります（図表４－１参照）。

「不正のトライアングル」の「機会」「動機」「正当化」とは、さ

機　会	自分が一番のベテランで、誰も自分の仕事をチェックできなくなっている
動　機	家族の事故で急にお金が必要になってしまった
正当化	毎日こんなに残業しているのだから、少しぐらいのお金は使ったっていいだろう

きほどの例でいうと、次のようなものです。

この中で、「動機」については、会社として防ぐことはできません。また、「正当化」についても、不正をする者の「気持ち」の問題なので、会社としては対応が難しいと思います。一方、「機会」については、会社の中の「仕組み」に関することですので、会社としては、当然に防ぐことができます。この例の場合では、適切な時期に仕事のローテーションを行ったり、上司がちゃんと担当者の仕事をチェックする仕組みにしていればよかったのです。つまり、内部統制をしっかり構築していれば不正は防げたということです。

内部統制は、このように、不正のトライアングルが機能しないようにする仕組みでもあります。

●攻めの内部統制

一般的に、内部統制について、難しいもの、お金のかかるものというイメージがもたれています。これは、会社法や金融商品取引法で規定されている、大会社のための内部統制をイメージしてしまうからです。中小企業には中小企業の内部統制の作り方があります。

金融商品取引法では、内部統制の目的として、次の四つが挙げられています。中小企業では、その中の第一の目的である「**業務の有効性と効率性**」に対応する内部統制の構築を目指すべきです。

①　業務の有効性・効率性
②　財務報告の信頼性
③　事業活動に関わる法令等の遵守
④　資産の保全

内部統制の目的で重要なのは、業務の有効性・効率性のアップであり、会社を継続して発展させることです。中小企業は、会社法や金融商品取引法の影響を直接的に受けない分だけ、コストをかけずに、その会社に合った内部統制の**仕組みを自由に作っていく**ことができます。

仕事のルールが、規程のような形で文章化されている中小企業は多くないと思います。すべて経営者の指示を仰がないと何も進まない、というような会社が実際にはよくあるのではないでしょうか。

経営者はとても忙しくて、いちいち部下に自分の考えを説明している余裕がありません。したがって、部下に対してなんの説明もなく、ただ指示をするだけとなってしまいがちです。

さらに、常にブレのない、一貫した方針で指示ができるような経営者は、あまりいません。ときによって、その指示の内容が変わったりします。すると部下である社員は、細かなことでも経営者に指示をしてもらわないと不安になり、自分から進んで動こうとしなくなります。そして、いちいち経営者の意向を伺いながら仕事をするようになってしまいます。

一方、経営者は営業や事業開発という自分本来の仕事で忙しく、部下には自分から進んで仕事をこなしてほしい、と思っています。しかし、当然のことながら、このような状況では、経営者の思うようにはテキパキと仕事が進むはずがありません。経営者は、ますます不機嫌になってしまい、社員はますます経営者の指示を求める指示待ち人間になってしまいます。中小企業の中には、このような悪循環に陥っている会社が、多いのではないでしょうか。

このような状況になってしまわないためにも、ルールや仕組みがぜひとも必要です。このルールや仕組みのもとで、社員が、おのおの自分で判断しながら仕事を行うことにより、会社の業績を上げていくことができるのです。このように、**「決まりごと」**と**「判断が必要な**

こと」との**バランス**が重要です。このバランスをうまくとっていくことで、業務を効率的に進めていくことができるのです。

中小企業に求められているのは、法律で強制されたり、管理強化のための「守りの内部統制」ではありません。それは、経営者が社員に対して、あれこれと細かな指示をしなくても、会社の業務が回るようになり、その結果、経営者が経営に専念できるようになって、会社を継続的に発展させる、強い会社に生まれ変わらせるための内部統制、すなわち、「**攻めの内部統制**」なのです。

●予算制度や月次決算制度と内部統制

予算制度や月次決算制度は、内部統制とは非常に相性のよいものです。

予算制度や月次決算制度それ自体は、不正や処理ミスを防止するための手段ではありませんが、**不正や処理ミスを見つけ出す糸口**になります。

予算制度を採用することで、経営者や管理職が**予算と実績との差異を把握**でき、その差異にしっかりした理由があるのか、を判断するための原因分析が可能となります。その結果、不正や処理ミスを発見することができます。

また、差異の原因分析をする過程の中で、各担当者に質問をすることで、業務に対する担当者の意識を高めることができます。このように**よい意味の緊張感**を持って仕事をする習慣を身につけさせることが、**間接的に不正や処理ミスの予防**にもつながります。

月次決算制度を採用することにより、当月の実績と前年同期または前月の実績とを比較し、金額に異常がないかを、経営者や管理職が把握することができます。さらに、これと予算制度とを組み合わせることで、予算と実績との差異分析を月次でも行うことができます。そして、異常な数値があった場合に、その原因を分析することで、不正や処理ミスの発見、予防につなげることができるのです。

●内部統制の構築は事業承継にも有効

事業承継の本来の目的は、会社の継続であり発展です。そのためには、会社が持っている優れた商品開発能力、技術力などの付加価値を作り出すものが、事業承継によってきちんと維持されなければなりません。それと同時に、会社を経営する「仕組み」もうまく引き継がなければ、会社の継続・発展はあり得ません。

その付加価値のもとや経営の仕組みをうまく引き継ぐためには、事業承継への対策をしっかり立てておくことが必要です。この事業承継対策は、単に財産を承継するためのものではない、ということです。

事業承継には「将来の経営者に今の会社を買ってもらえるか」という発想が必要です。これは、「引き継ぐだけの経営上の価値が、今の会社にあるのか」ということです。

現在の経営者のもとで、会社がどんなに立派な業績を上げていても、その業績を上げ続けることが、目に見える「仕組み」になっていなければ、次の経営者に引き継ぐことは難しいでしょう。そして、引き継ぐことの難しい会社は、それだけの価値がないということです。

したがって、事業承継を行うためには、まず、**経営を引き継ぐ**ことができるような、**目に見える「仕組み」**を作り上げることを、最優先に行わなければなりません。この「仕組み」が内部統制です。

「後継者問題」は、経営者が人間である限り絶対に避けられない課題ですが、中小企業の場合には、特に経営者の個人的な力量に支えられている部分が大きいだけに、経営全体を左右する課題となります。

また、経営者の交代にまでは至らないまでも、経営者が人間である以上、急病やケガのリスクは常に付いて回るものです。そのようなときに備える体制の構築も、当然重視しなければなりません。経営者の急病やケガへの対策のためにも、内部統制の構築をすみやかに進めていくべきだと考えます。

【2のまとめ】

① 内部統制は、不正ができないような仕組みを構築することで、社員が働きやすい環境を作ります。

② 中小企業は内部統制の仕組みを自由に作っていくことができます。その内部統制は、強い会社に生まれ変わらせる「攻めの内部統制」です。

③ 予算制度や月次決算制度は、不正や処理ミスを見つけ出す糸口になります。

④ 事業承継のためには、経営を目に見える「仕組み」として引き継ぐようにしなければなりません。

3 内部統制はどのように構築していくのか

●内部統制は「仕事の見える化」のための「仕組み」

内部統制の構築は、「仕事の見える化」への取組みそのものといえます。

「見える化」というのは、仕事の漠然とした部分を文字や図などを使って表し、どのようなことを行っているのかを簡単にイメージしたり、判断したりできるようにすることです。「見える化」は、いわゆる「カイゼン」でよく使われる手法です。

従来から販売や管理の仕事は、部署をまたいで業務の流れが複雑に入り組んでいる上に、「人」に「仕事」を割り当てる形で処理してきたことから、担当者以外には、わかりにくくなっています。このような、複雑そうな業務の流れを「見える化」することによって、**誰でもがわかる**ようにしていくのです。

「**仕事の見える化**」は、販売業務や管理業務など**ホワイトカラーの生産性**を高めるという実益を上げることができます。

仕事が「見える化」されると、現場の担当者は業務内容を理解しやすくなります。

また、経営者や管理職も、誰がどのような業務を受け持ってくれているのかが、一目瞭然になり、組織の運営が格段にやりやすくなります。

新規採用や業務分担のローテーションをするときにも、各人が業務の概要を把握して、今まで以上にすばやく、一人前に仕事をこなせるようになることは確実です。そのため、会社は新規採用や人材登用がしやすくなります。

部分最適と全体最適という言葉がありますが、この考え方は、昔からいわれている「木を見て森を見ず」のことわざに通じるところがあります。

「木を見て森を見ず」とは、個別の状態にばかり関心が向いてしまい、全体を把握できない状況をいいます。これは、細かなどうでもよいことばかりが気になり、全体について考えが及ばない状況のことです。

しかし、実際には、「**木を見て森も見る**」という両者の観点が必要だと思います。

「木を見て森も見る」ことによって、「**自分の仕事がしやすくなる**」という「部分」と「**会社の業績がアップする**」という「全体」とを両立させる状況を作り出していくことが重要です。

社員一人ひとりは、ベストな方法で仕事をしていると思っていても、それが会社全体にとってよいことである（全体最適）とは限りません。それが、部分最適で終わってしまっている可能性があります。

たとえば、新しい仕事を担当したときに、スムーズに業務をこなせるように、マニュアルを作ったとします。仕事に慣れてくると、マニュアルに書いてあることが、ほとんど頭に入ってしまうので、業務内容が少しずつ変わってきても、マニュアルを修正せずに、自分の頭の中だけに記憶としてとどめておくようになります。

このことは、担当者が「いちいちマニュアルを修正するために時間を使うことよりも、本来の自分の業務をしっかりやるほうがよい」というように考えるからです。でも、それは部分最適でしかないのです。

社員が退職したり、仕事の分担が変わったりしたときに、マニュアルが現状に合っていなければ、まったく使えません。かえって、そのマニュアルを使うと、業務が混乱することになってしまいます。結局、仕事の引き継ぎのときに、自分が困ってしまうことにもなります。

一方、業務内容が変わったときに、すぐにマニュアルを修正するようにしておけば、仕事の新しい担当者が、混乱なくスムーズに業務を引き継ぐことができ、自分も引き継ぎ業務に時間を取られることがなくなります。これにより、引き継ぎ業務による時間のロスや、業務のレベルが一時的に落ちることによるトラブルもなくなり、会社全体のため（全体最適）に

もなるのです

また、最近「鳥の目、虫の目」という言葉をよく耳にします。

ご存知のように、「**虫の目**」は複眼になっていて、近いところでさまざまな角度から注意深くものごとを見ることをイメージします。また、「**鳥の目**」は高い空から広い範囲にわたって地上を見下ろすように、ものごとの全体を捉えることをイメージします。

わかりやすい例として、会社経営に置き換えてみます。経営者の行動として、まず現場に出向いて顧客や商品にじかに接して、現場の実態を把握するのが「虫の目」です。次に全社的な観点から「我が社はどんな状況に置かれていて、何が根本的な課題なのか」ということを発見していくのが「鳥の目」です。

「鳥の目」で見ることによって、全体での**優先順位を判断**することができます。

虫の目で見たことは実態であり、正しいのですが、鳥の目で高いところから眺めると、虫の目で見たことの中から、優先すべきことを発見することができるのです。

個々の社員についても同様です。他の社員がどのような仕事を、どのように行っているのかがわからなければ、自分の仕事の意味も理解できず、仕事を単に機械的にこなしていくだけになってしまいます。

部分最適に陥りやすいのは、自分の仕事が会社の中でどの部分を担っているのか、全体から見た自分の仕事の位置付けが見えないからです。

仕事の流れを「見える化」して、「虫の目」でそれぞれの業務を複眼的にいろいろな角度から見ることで、改善しなければならない部分が見えてきます。次に、「鳥の目」で、業務の流れを広い範囲で見ることで、会社全体の仕事の中で自分が果たしている役割も見えてくるようになります。さらに、経営者や幹部社員も業務の流れを「鳥の目」で見ることにより、どの業務を優先すべきかを考えることができます。

●「見える化」としての規程やマニュアルの作成

「仕事」に「人」を割り当てるのではなく、「人」に「仕事」を割り当ててしまっているため、担当者が会社を辞めたとたんに、業務が回らなくなる、といった問題がしばしば起きます。また、その退職者が、今までに蓄えた業務のノウハウが会社からなくなってしまい、またゼロからスタートすることになってしまいます。これを防ぐためには、**引き継ぎという仕組み**が必要になります。中小企業は、この引き継ぎの仕組みが弱い場合がほとんどです。

引き継ぎをスムーズに行うためには規程やマニュアルを作っておくことが有効であり、中小企業にとっても最低限の規程やマニュアルは必要です。

業務の内容を規程や、マニュアル等で「見える化」することにより、業務の引き継ぎが簡単になり、新しい担当者への教育も短い期間ですますことができ、効率性も高まっていくと思います。

ただ、注意しなければならないのは、形式にこだわりすぎないこと、何のための規程やマニュアルなのか、作ることによるメリットに比べて、労力がかかりすぎないか、をしっかり意識することです。

〝あうんの呼吸〟で何でもかんでも進めてきた仕事のやり方を、業務の流れとして「見える化」することで、その内容を社員の誰にでもわかるようにして、社員がお互いに切磋琢磨しながら仕事をしていくことが重要です。

これにより、「経営者がやるべきこと」「管理職がやるべきこと」「担当者がやるべきこと」というそれぞれの階層ごとの役割分担や責任が明らかになり、自分が**判断すべきことに集中できる**ため、それぞれの仕事がやりやすくなります。

「内部統制」としての「仕事の見える化」を行うときには、次の点に留意する必要があります。ルールや手続きについて、社員の判断に任せればよいことまでを、こと細かく決めて、「手続き論」だけに捕らわれたり、チェックすること自体を目的とした活動にしないことです。

これらは、社員の仕事をしやすくするという「見える化」のメリットを台無しにし、かえって社員に負荷をかけるだけです。

次に、具体的な規程の話として、内部統制の構築のために、ぜひ必要な「職務分掌規程」について見ていきます。

内部統制を構築するためには各部署の**職務分掌**（仕事の分担）をはっきりさせ、それを社内規程として文章化する必要があります。中小企業では、この職務分掌規程が作成されていないケースが多いと思われます。

しかし、たとえ文章として管理されていなくても、それぞれの会社では暗黙のルールがあるはずです。この暗黙のルールを職務分掌としてまとめていく中で、会社の内部統制の不十分な点が明らかになってきます。そして、それらの点を改善していくことで、少しずつ内部統制が構築されていきます。

ここで注意してほしい点は、**会社の規模に合った規程**を作成することです。規模にふさわしくない複雑で実行不可能な職務分掌規程は、まったく必要ありません。なるべく現在の日常業務に沿った形で職務分掌規程を作成します。

単に形式的に規程が決められ、それを硬直的に運用するのではなく、その企業の実情に応じた形で柔軟に活用できる内容にし、かつ、社員全員がそれに対して**納得感**を持って従っていることが必要です。

参考として、職務分掌規程のサンプルを、次に掲げておきます。

図表 4-2　職務分掌規程　（抜粋サンプル）

第１条（目的）
　この規程は、組織規程による当社の各組織単位における職務分掌を明確にし、各組織単位間の連携を効率的に図らしめることを目的とする。
第２条（総務課）
　総務課は、次の業務を分掌する。
１　人事労務
（1）人　事
① 要員計画、配置配属、昇格・昇進に関する事項
② 退職、解雇、表彰及び懲罰に関する事項
③ 人事考課の立案、実施
④ 賃金、賞与、退職金の計算、支払手続
⑤ 採用活動の実施
⑥ 教育研修計画の企画立案、実施及び効果測定
⑦ 労働者名簿、賃金台帳の調整
（2）労　務
① 健康保険法、介護保険法、厚生年金保険法、雇用保険法、労働者災害補償保険法に関する事務手続
② 労働社会保険諸法令に基づく各種届出
③ 勤怠データの管理
④ 健康診断の計画、実施
２　経　理
（1）会　計
① 会計伝票の作成及び会計帳簿の記帳
② 会計処理・表示方法等の検討
（2）決　算
① 月次決算資料の作成
② 決算財務諸表の作成
③ 営業報告書の作成
④ 情報開示書類の作成
⑤ その他決算関連書類の作成
（3）税　務
① 税務申告書の作成
② 税務調査への対応
（4）資　金
① 資金調達計画の立案及び運用
② 現金の出納
③ 預金の預入・払出
　⋮

●業務プロセスの把握と文書化

会社は、利益を稼いで、生き残っていくために、さまざまな活動をしており、その活動はいくつかの**業務プロセス**にわけることができます。ここでは、業務プロセスを「業務を行う上での連続した行動の手順」と考えます。

会社の活動は、購買、製造、販売など、さまざまな業務プロセスから成り立っています。

業務プロセスの個々の内容の理解を助ける手段として、文書化を行います。文書化とは、**「業務記述書」**や**「業務のフローチャート」**を作成していくことです。

なお、「業務記述書」とは、個々の業務ごとに、その業務の作業内容や手順、概要を簡潔な表現で記述した文書のことです。

また、「フローチャート」とは、業務の手順や作成した文書やデータの流れに沿って、業務の流れを図に表した文書のことです。

業務プロセスの文書化は大変な作業なので、まず、すでに社内に存在する文書を有効に活用することから考えます。業務マニュアル、組織図といった、業務プロセスに関係する文書が、多少なりともすでに存在するはずです。こうしたすでに社内に存在する文書を、**現状の業務にマッチ**するように見直していくだけで、文書化がかなり容易になります。

図表 4-3　PDCA サイクル

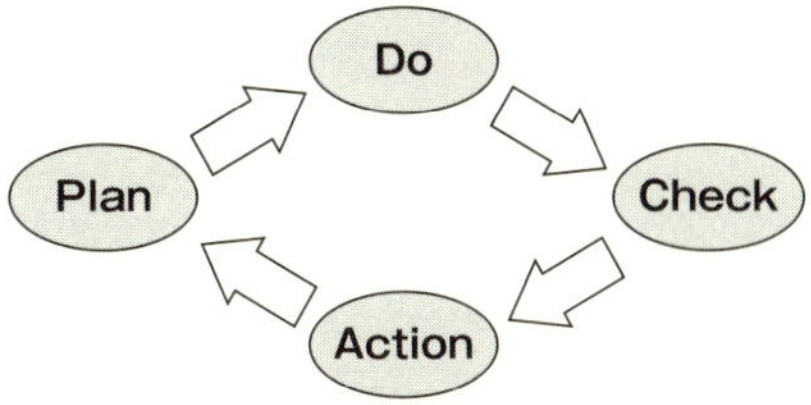

Plan	計画	従来の実績や将来の予測などをもとにして業務計画を作成する。
Do	実行	計画に沿って業務を適切に行う。
Check	評価	業務が計画どおりに行われているかを確認する。
Action	改善	実施した結果が計画に沿っていない部分を調べて改善をする。

仕事は「やりっぱなし」ではダメです。仕事を行うたびに、仕事のまわりの状況は少しずつ変わっていくものです。マニュアルもタイミングよく見直していかないと、すぐに使えなくなってしまいます。状況が変わったこと、マニュアルのとおりに行っても失敗したことなどを、すぐにマニュアルに反映させなければなりません。

　失敗したこと自体は覚えていても、なぜ失敗したのかが思い出せず、また失敗を繰り返してしまった。あるいは、失敗した原因を思い出すのに時間がかかってしまって、時間を無駄に使ってしまった。このような経験をしたことはありませんか。

　これを防ぐためには、ＰＤＣＡサイクルをうまく循環させて、失敗した原因を規程やマニュ

図表 4-4　文書化に関する PDCA サイクル

Plan　計画	規程やマニュアルを作成して、業務をスムーズに行えるようにする。
Do　実行	マニュアル等に沿って業務を適切に行う。
Check　評価	業務が障害なくスムーズに行われているかを確認する。
Action　改善	現状のマニュアル等で実態にそぐわない部分を調べて改善する。

アルに、すぐに反映させることが必要です。

「**PDCAサイクル**」とは、マネジメント手法の一つで、「計画」（**Plan**）、「実行」（**Do**）、「評価」（**Check**）、「改善」（**Action**）の頭文字をとったもので、この**P**、**D**、**C**、**A**を繰り返すことによって、**継続的に改善する手法**です（図表４－３参照）。

内部統制のための「文書化」について、ＰＤＣＡサイクルの考え方を当てはめると、図表４－４のようにまとめることができます。

仕事の「やりっぱなし」はダメだといいましたが、文書化についても同じことがいえます。ＰＤＣＡサイクルに当てはめ、うまく循環させることによって、常に現状の業務プロセスに即した効果的な文書化を実現しなくてはなりません。

また、これは業務効率や精度を常に見直す習慣がつくという意味でも、非常に効果のあるものだといえます。

まず、文書化にあたっては、「Ｃｈｅｃｋ　評価」をしっかり行います。そのときに留意しないといけないのが次の視点です。

現状を適切に分析する視点

① 実際の業務の状況はどのようになっているか。
② ルールは存在しているのか。
③ 存在しているはずのルールや規則が、現状とそぐわなかったり不適切であることはないか。

この視点で、現状の規程やマニュアルを見直し、次に、ＰＤＣＡサイクルをうまく循環させることによって、文書化がスムーズに行われ、いつでも活用できる文書を残すことができます。

図表 4-5　業務全体のフローチャート（ステップ1）の例

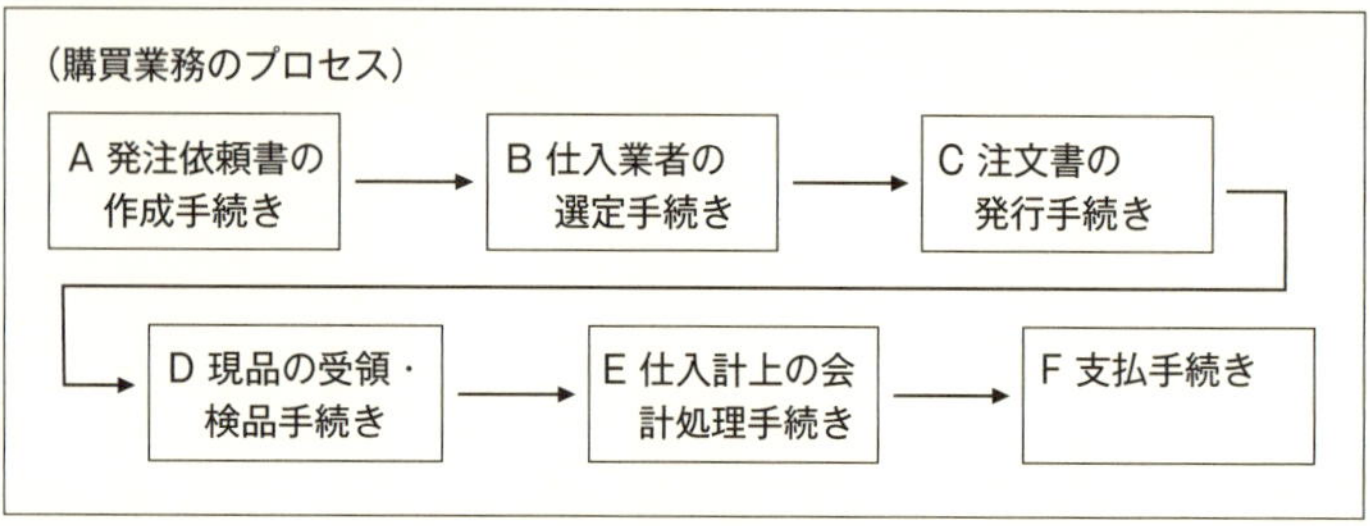

●業務プロセスのフローチャート化

内部統制の構築にあたっては、業務の流れをイメージしながら、各業務の作業手順をフローチャート化していきます。その際に注意しなければならないことは、フローチャート作成にあたって、「人」ではなく「仕事」を主体にして考えるということです。すなわち、「誰が、何を、どうするか」ではなく、「何を、誰が、どうするか」というように、**「仕事（何を）」に着目して作業手順を時系列にフローチャート化**することになります。

業務全体の大きな流れをフローチャートで描き、それから個別に詳細なフローチャートを描くという、2つのステップで作業を進めていくのが効果的な方法です。

参考として、図表4－5の購買業務プロセスの各業務における重要な留意点を次にまとめておきます。なお、記号のA～Fは、「購買業務のプロセス」のA～Fと対応しています。

A　発注依頼書の作成手続き
○　発注する時点について、担当者が自分一人で判断するのではなく、必ず上司による承認を得ておくこと。
○　在庫数量が、ある一定の数量となった時点で、直ちに自動的に発注するという「発注基準」を定めておくことを検討すること。

B　仕入業者の選定手続き
○　仕入業者の選定にあたり、品質に問題がなく、価格も他の業者に比べて安く、かつ、常時安定的に納入されることが保証されているかを検討すること。
○　仕入業者の財務体質についても、資金的に行き詰まって、資材の供給ができなくなることがないように、十分に考慮すること。

C　注文書の発行手続き
○　伝票紛失による発注漏れの発見や、不正経理を実行しようとした架空の仕入計上等の防止などのため、発注依頼書には、必ず一連ナンバーを付けておくこと。
○　業者に対して常に緊張感を与えるため、一定の条件の場合には、見積書を複数の業者から取り寄せ、その業者の中から取引する業者を選定すること。

D　現品の受領・検品手続き

○　注文書（控）と、現品や納品書を突き合わせして、現品の品名や数量の検品を行い、正しい納入であることを確認すること。

○　品質が劣化していないかのチェックも行い、過不足、品質劣化等は、必ず、すぐに業者へ連絡すること。

E　仕入計上の会計処理手続き

○　「現品の受領・検品手続き」において、注文書（控）と、現品や納品書が正しくチェックされていることを、確認した上で会計処理を行うこと。

F　支払手続き

○　小切手や手形への銀行届出印の捺印は、小切手、手形の用紙に金額、宛先、期日、会社名等を記入する担当者とは別人（管理職）が行うこと。

○　受領した請求書について、必ず、「仕入先別残高内訳」と突き合わせ、支払金額に問題がないことを確認すること。

図表4-6　業務の詳細なフローチャート（ステップ2）の例

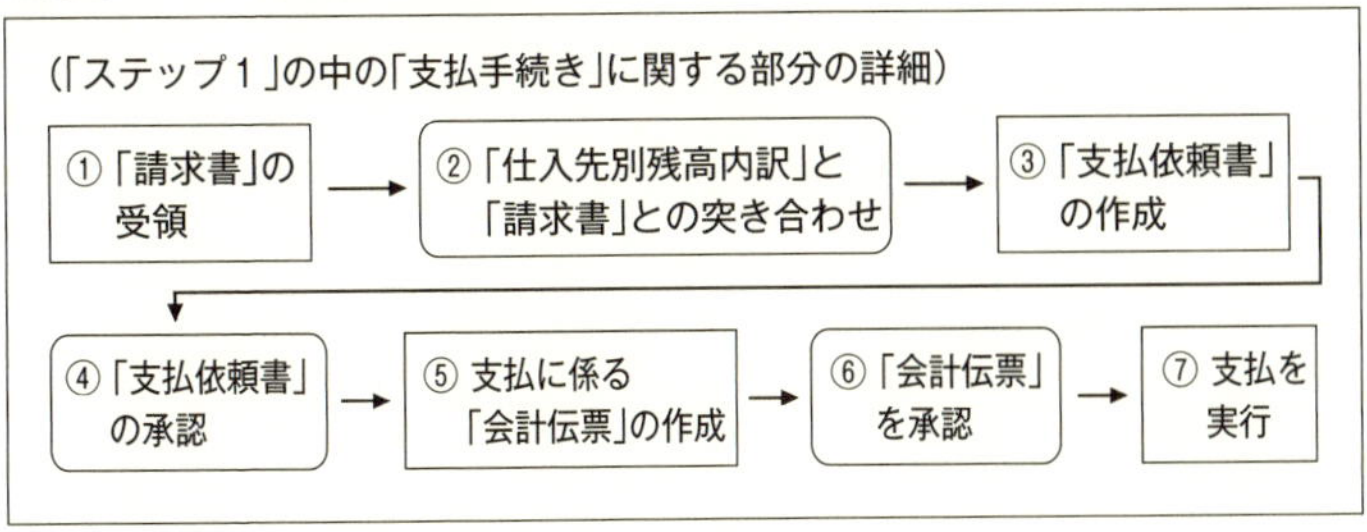

この図表4―6で使っている記号はたったの三種類で、誰でもすぐ描くことができます。各業務を□、統制活動（あとで述べます）を▢で描き、それを矢印（→）でつなぐだけです。このように簡単なフローチャートで、仕事の流れを、鳥の目のように、まるで上空から地上を一望するように眺めることができます。

中小企業では、文書化（フローチャート化など）に、完璧を求める必要はありません。文書化には、それなりの労力が必要であり、短期間に完璧に作ることは不可能です。まずは、重要なところ、簡単にできるところから始めることがポイントです。

あとで述べる「統制活動」が、業務の手順の中に一つでも入れば、それだけの効果が出てきます。たとえば、今まで実施していなかった、仕入先からの請求書と支払データとの突き合わせを実施するという統制活動を、追加することによって、支払処理ミスがそれだけ確実に減ります。

すべてを網羅できなかったり、完全にできていないと、効果が発揮できないというものではないのです。フローチャートで**業務の六割程度**を表せれば合格点だと思います。それだけでも、まったくできていない状態に比べ、はるかに内部統制の機能を前進させることができます。

中小企業のための内部統制の構築は、全部を一度に完璧に実施するわけではありませんので、重要なものから順番に実施していきます。それでは、「重要度」は何で判断するのでしょうか。判断基準は、不正や処理ミスに対する**リスクの大きさ**です。

リスクの大きさをランキングわけする方法として、よく利用されるものが、「リスク・マップ」と呼ばれるものです。これは、「リスクが現実に表れる頻度・確率」と「リスクが現実になったときに会社が受ける損害の大きさ」を基準にして、リスクのランキングわけをするものです。

リスクの大きさは、**二つの要素で考える**ことができます。ただ、リスク・マップのように頻度・確率を判断することは現実には難しいので、このリスク・マップの基本的な考え方だけを取り入れ、次のような方法でリスクの大きさを考えてはいかがでしょうか。

つまり、不正や処理ミスが生じた場合の「**影響の大きさ**」と、その「**業務の頻度**」（たとえば日次業務、月次業務、年度業務など）という観点で「重要度」を決める方法です。

次の図表4－7のように、業務の頻度も高く、影響の大きさも大きければ、リスクも大き

図表 4-7　重要度の判断基準

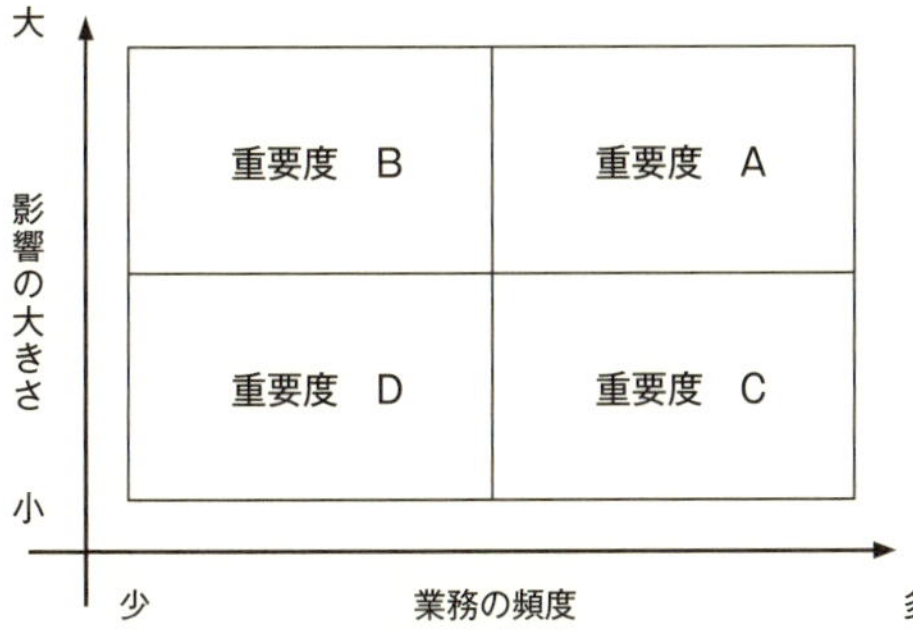

（注）この図における重要度は、「影響の大きさ」に重点をおいたもので、重要度は　A⇒B⇒C⇒D　の順になっています。もし、「業務の頻度」に重点をおくのであれば、A⇒C⇒B⇒D の順になります。

くなるため、重要度が高くなります。

たとえば、経理業務をはじめ、発注・受注を行う業務、請求書や領収書を発行する業務、資金繰りを行う業務などは、実際の取引や現金を扱ったりするため、不正が生じやすくリスクが高い業務といえます。

●統制活動を設定するときの留意点

「**統制活動**」とは、上司のチェックや、同僚によるダブルチェックなど、業務の流れの中で、**内部統制を機能**させるために組み込んでいく活動です。

統制活動の具体例としては、承認・実地検査・検証・職務分掌などがあります（図表4－8参照）。

図表 4-8　統制活動を設定するときの留意点

承認	そのことが正当である、ということを判断すること
実地検査	調査する人が、現場に行って事実と証拠書類を照合すること
検証	真偽を確かめ、事実を確認して証明すること
職務分掌	社員が担当する業務の内容、範囲、責任と権限を明確にすること

処理ミスや不正が起こる主な原因としては、次のものが考えられます。

①　**職務分掌**ができていない。
②　照合や**実地検査**が適切に行われていない。
③　データ入力の正確性が**検証**されていない。
④　管理職の**承認**が適切にされていない。

これらの原因は、統制活動が業務の流れの中に、しっかり設定されていないことを意味しています。

業務の流れの中に統制活動を設定するときには、**実際に起きた失敗事例や不正事例を教訓にする**ことが重要です。そして、それらが再び起きないような対策を講じることを考えてください。

その際には、「**ハインリッヒの法則（ヒヤリ・ハットの法則）**」に照らし合わせて、重大事故だけではなく、小さな失敗やヒヤリ・ハット

図表4-9　ハインリッヒの法則（ヒヤリ・ハットの法則）

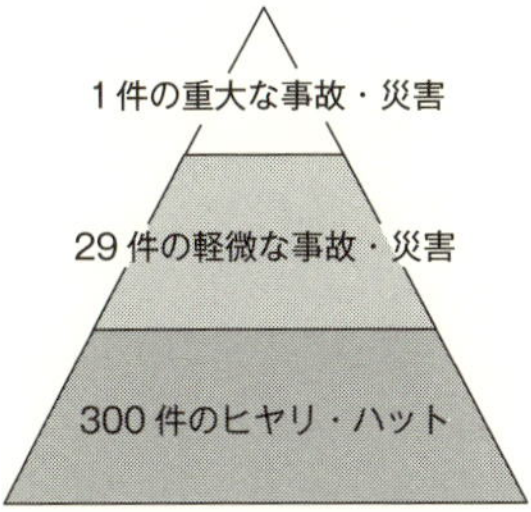

　ハインリッヒの法則とは「1件の大きな事故・災害の裏には、29 件の軽微な事故・災害、そして 300 件のヒヤリ・ハット（事故には至らなかったもののヒヤリとした、ハッとした事例）があるとされています。重大災害の防止のためには、事故や災害の発生が予測されたヒヤリ・ハットの段階で対処していくことが必要である。」というものです。

　法則名は、この法則を導き出したハーバート・ウィリアム・ハインリッヒ（Herbert William Heinrich）（1886 年～ 1962 年）に由来しています。

にも留意する必要があります（図表４－９参照）。

　このように、統制活動をフローチャートの上で、どこに設定するのかを判断していくことが大事です。ここで注意する点は、統制活動をフローチャート上に設定するときは、その重要性をよく考えて、**重要でないものは設定しないと**いうことです。

「ヒヤリ・ハット」まで考えて、統制活動を設定しなければなりませんが、当然、そのすべてを対象とすることはできません。それらのうち、見逃すと影響の大きなものは何か、を考えていく必要があるということです。

　統制活動も設定しすぎると、その分だけ業務としての作業量が多くなってしまい、逆に非効率になってしまう危険があるからです。

●「仕事の見える化」と「やめる、へらす、かえる」

業務改善の基本は、「やめる、へらす、かえる」ことです。やめてもかまわないもの、不要なものは、やめることが一番の改善です。「やめるに勝る改善なし」といいます。

次に、「やめる」ことができなければ、「へらす」ことを考えてください。「へらす」とは「部分的にやめる」ことです。たとえば回数、時間、種類、重さ、大きさなどを減らす。減らせば減らすほど単純化でき、効率が上がります。

さらに、「へらす」こともできないのであれば、「かえる」ことを考えてください。「かえる」には「変える、換える」など、さまざまな方法があります。

この業務改善で使う「**やめる、へらす、かえる**」の考え方を「**仕事の見える化**」でも**応用**するのです。不要な業務はやめる。一気にその業務をやめることまではできないのであれば、減らす。他からの制約もあって減らすこともできないのであれば、業務の内容をかえる。業務の手順を換えたり、時期を変えたり、いろんな工夫ができると思います。

定型的な業務については、たとえば、「転記」といった中継ぎ的な業務をなくし、システムに直接入力して処理できるように変更するなど、できるだけ人間が携わることを少なくするようにして効率化します。また、このように人間が携わることが少なくなれば、人為的なミスも当然少なくなります。

「目的があいまい」「基準があいまい」になっていないか

次に、左の囲みに示した視点に立って、現在の業務の状況を分析して、見直しを行っていきます。

業務の見直しにつながる視点
① 「目的があいまい」になっていないか。
② 「基準があいまい」になっていないか。

「**目的があいまい**」とは、「誰のために、どんな目的で、その仕事を行うのかが、わかっていない状態」です。前任者からの引き継ぎのときに、「誰のために」「どんな目的で」この業務を行うのかを、よく理解しないまま引き継いでしまい、そのまま現在に至っているようなケースです。

このような場合、本当は必要がなくなっているのにも関わらず、惰性で行っているような業務がまああります。目的があいまいな業務については、業務プロセスの文書化（見える化）を行うときに、**業務の整理整頓**を行わなければなりません。

「基準があいまい」とは、「仕事の役割分担がきちんと整理されておらず、どこまでが誰の責任範囲なのかがあいまいな状態」です。担当者はどこまでを自分の判断でやっていいのかがわからず、また、責任の所在もはっきりしていないために、ミスが発生しても、いつまでも有効な対応がとれないことになってしまいます。これに対しては、**業務分担の見直し**や、**責任と権限を明らか**にしていかなければなりません。

この「目的があいまい」「基準があいまい」になっている業務について見直していくことは、前に述べた、「やめる、へらす、かえる」につながっていきます。

また、これらの視点に立って考えることは、個々の担当者がフローチャートを作成していく中で、自分が担当している仕事の目的を再確認していくというメリットもあります。顧客などの社外の人たちのことも考えあわせると、個々の業務には、必ず前工程や後工程があり、一人で完結するという業務はありません。

自分の仕事の前に誰の仕事があり、また、自分の仕事が次に誰の仕事につながっていくのかがわかることで、「そうか、自分の仕事の目的はこうだったのか、自分はこの仕事のこの部分を担っていたのか」ということを考えることができ、仕事に対する**「やる気」を高める効果**があります。

また、それぞれ、他の人の仕事内容も、お互いに見えてくるので、処理ミスがあればすぐに誰のミスかがわかります。すると自然に「いい加減な仕事はできない」という気持ちになってきます。

さらに、管理職にとっても、自分の管理する業務の範囲がはっきりしますので、責任の範囲も明らかになり、部下の処理ミスを見逃してしまったら「自分が責任を取らなければならない」というような意識を持つようになります。このように上司も部下も、**よい意味での緊張感**を持って仕事に取り組むようになる、という大きな効果があります。

●QCDと内部統制

日本のホワイトカラーの生産性は低いといわれています。ホワイトカラーの生産性を高めるためには、**会社経営の三要素**である「**人**」「**モノ**」「**金**」のより少ない投入で、より多くの効果を上げることが必要です。

管理職は〝管理〟として、これらの三要素に対して、常にＱＣＤの水準に目を光らせている必要があります。

製造業の生産管理において重視される**三要素**として**「品質」「コスト」「納期」**があり、ＱＣＤとは、それらの頭文字（Quality：品質、Cost：コスト、Delivery：納期）をとったものです。

「牛丼の吉野家」のキャッチフレーズである「うまい。やすい。はやい。」をイメージしていただけるとわかりやすいと思います。

いかに品質の高い仕事をしても、そのためにコストが割高だったり、納期が遅れては、顧客に喜ばれません。品質・コスト・納期の三つが満足できて、はじめて顧客に満足してもらえるのです。言い換えると、ＱＣＤが他社との競争力の源泉にもなってきます。

このＱＣＤの考え方は、生産管理だけではなく、ホワイトカラーの業務についてもあてはまることです。業務のＱ（品質：仕事のやり方や技能）Ｃ（コスト：人件費などの費用）Ｄ（納期：仕事を完了させるタイミング、スピード）の水準を向上させていくことを、個々の社員ができるようにしなければなりません。

「見える化」した業務プロセスからは、さまざまな情報を読み取ることができます。業務プロセスを「やめる・へらす・かえる」の考え方で見直すことにより、品質向上・コストダウン・納期（時間）短縮などの視点を持ちながら、**業務改善**に取り組み、社員の仕事の**生産性を上げていく**ことができるのです。

●「仕組み」を見直す千載一遇のチャンス

最後になりますが、「儲かり続ける会社」を作るために、その土台となるものが内部統制です。重要なポイントは、上場企業を中心に内部統制の重要性が声高に叫ばれている今こそが、「内部統制で仕事の進め方（仕組み）を見直す千載一遇のチャンス」だということです。

内部統制という仕組みを作ることができるか否かが、会社の今後の継続的な成長発展が可能か否かのわかれ道となるのです。

【3のまとめ】

① 内部統制は「仕事の見える化」のための仕組みです。「見える化」は複雑そうな業務の流れを誰でもわかるようにしていくもので、ホワイトカラーの生産性を高めるものです。

② 内部統制を構築するためには、会社の規模に合った職務分掌規程を作成する必要があります。

③ 仕事は「やりっぱなし」ではダメです。PDCAサイクルをうまく循環させて、失敗した原因を規程やマニュアルに、すぐに反映させることが必要です。

④ 内部統制では、「仕事（何を）」に着目して作業手順を時系列にフローチャート化します。全部を一度に完璧に実施する必要はなく、重要なものから順番に実施していけばよいのです。

⑤ 「統制活動」とは、上司のチェックなど、業務の流れの中で内部統制を機能させるための活動で、重要なものだけを設定します。

⑥ 業務改善で使う「やめる、へらす、かえる」の考え方を「仕事の見える化」でも応用します。

⑦ 「目的があいまい」「基準があいまい」になっている業務を見直すことで、社員は「やる気」を高め、よい緊張感を持って仕事ができます。

⑧ 社員の仕事の生産性を上げるためには、業務のQ（品質）C（コスト）D（納期）の水準を向上させていく必要があります。

⑨ 今こそが、「内部統制で仕事の進め方（仕組み）を見直す千載一遇のチャンス」です。

■参考文献
1『ドラマで学ぶ実践・内部統制―「何をどこまでやればいいか」が手にとるようにわかる』西川郁生監修、木村善一、平野和久、三木晃彦著（2007）日本経済新聞出版社
2『なるほど図解　内部統制のしくみ』あずさ監査法人経営改革支援本部編（2006）中央経済社
3『いちばんわかりやすい内部統制のポイント』三浦太著（2007）中経出版
4『可視経営―仕事が見えれば会社は変わる』石橋博史著（2005）日経BP出版センター
5『可視経営で内部統制―実益をあげながら進める企業体質強化』石橋博史著（2006）日経BP出版センター
6『ただいま授業中　内部統制がよくわかる講座』佐藤孝幸著（2006）かんき出版
7『「企業不正」対策マニュアル―いかに調べ、どう防ぐか』デトロイトトーマツFAS編（2007）中央経済社
8『内部統制の文書化対策―フローチャート方式で万全』鈴木豊著（2006）中央経済社
9『会社のすべてを「見える化」する実務』正木英昭著（2008）中経出版
10『中小企業のための「内部統制」制度の確立―小さな会社でも有効に機能する経営管理システムの導入法（改訂新版）』武田隆二監修　TKC全国会巡回監査・書面添付推進委員会編著（2007）TKC出版
11『不正事例から学ぶ業務別内部統制の仕組み（第2版）』トーマツナレッジ・センター編（2007）中央経済社

第五章

失敗を次に活かす方法を知っている

宮原裕一

はじめに

この本を手にされたあなた。世間の黒字会社は一体どんなことをして成功しているのだろうかと、儲かるための経営手法や成功事例を期待されたのではないでしょうか。

そんなあなたの期待を裏切ってしまい、申し訳ありません。残念ながら、**成功の法則なんて存在しない**のです。儲かる会社を作るという意気込みに水を差すようで何ですが、**世の中の会社は、赤字会社が多数を占めている**のが現実です。

連日のように成功するためのセミナーが開催され、書店では成功するためのノウハウ本が並んでいます。これだけ成功の法則が転がっているのに、赤字会社が多いのはなぜでしょうか。それは、他人の成功を追いかけてみても、しょせん「二番煎じ」だからです。成功するアイデアは、それを考えた本人が試行錯誤を繰り返して築きあげたものであり、だからこそ実現できたものです。他人が上辺だけをマネしてみても、そうそううまくいくものではありません。**成功の法則とは、ある意味やったもん勝ち**なものなのです。

しかし、黒字会社を見ていると、あることに気がつきます。失敗を恐れずに突き進む会社。

失敗から見事に立ち直った会社。失敗に対しての管理がうまい会社。などなど。

そうです、黒字会社には「失敗」という意外な共通項があるのです。避けられる失敗は避け、陥った失敗からはうまく立ち直る。逆転の発想をすると、黒字会社とは、失敗の法則を知ることで、赤字へ向かわないかじ取りができた会社なのではないでしょうか。

「失敗は成功の母」「七転び八起き」など、失敗に対してのポジティブな格言、ことわざはたくさんあります。しかし、多くの中小企業はそう何度も失敗に耐えられるものではありません。ひとたび足をすべらせてしまうと、そのままずるずるとすべり落ちてしまうかもしれないのです。そして、そんな中小企業に対して**雨の日に傘を貸してくれる人はそういない**のです。

この章では、ついついはまってしまう失敗の法則をいくつか取り上げます。そして、それぞれの失敗にはまらないための方法を、あまり難しくならないように広く浅く紹介します。決算書の見方や、会社組織のルール作りについては、他の章で詳しく紹介していますので、併せてご覧ください。

赤字会社に転落してしまいがちな失敗の法則をひもとき、失敗とうまく付き合うことで、儲かる会社を作るヒントとしていただきたいと思います。

1 勘定合って銭も合う
儲けはお金の流れから

●Yさんに吹いたフォローの風

「いやー、新築三棟もらっちゃってさー。これから忙しくなるんで、もうひとつ身体が欲しいくらいだよ。今年は黒字間違いなしだね。もう、フォローの風が吹いたって感じなんだけど、俺の給料って上げられないんだっけ？」

と、上機嫌なのは建設会社を営むY社長。普段はリフォームを中心に仕事をされていて、年に数棟の新築住宅を手掛けることで、何とか赤字と黒字を繰り返しています。

今回は同時期に三棟の新築を受注したそうです。六，〇〇〇万円の契約で一，〇〇〇万円くらいの粗利を見込んでいるとのこと。他のリフォームが順調にいけば、当期は黒字になるでしょう。それでは上機嫌なはずですね。

「それは景気のいい話ですね。ところでYさん、お金のほうは大丈夫なんですか？」

「え？　一，〇〇〇万の儲けが出るんだよ。大丈夫だよ。何とかなるっしょ」

目の前に黒字がちらついて、仕事も忙しくなっている状況です。お金の心配はしていないようです。しかし、普段は工期の短いリフォームが中心のYさんです。フォローの風が吹いているようですが、「儲け」が本当の「儲け」になる前に、風がアゲインストにならなければいいのですが。

●「損益」で捉える「儲け」

「儲け」の捉え方は二通りあります。一つは「損益」という捉え方、もう一つは「収支」という捉え方です。この二つの「儲け」の捉え方による数字は、まず一致しません。

まずは、「損益」という「儲け」の捉え方について説明します。

「損益」で捉える「儲け」とは、売上から仕入や諸経費などを差し引いた、仕事の業績で見た「儲け」のことです。皆さんが目にする決算書に出ている損益計算書の利益がこの「儲け」にあたります。普段決算書なんて見てないという方は、第二章で、儲かる会社のための決算書の見方を説明していますから、決算書や試算表はよーく見てみましょう。

さて、こんな会社の例で考えてみましょう。A社の損益計算書に載っている一年間の売上は一億円、仕入は七,五〇〇万円、諸経費は二,四〇〇万円でした。さあ、「儲け」はいくらでしょうか?
答えは簡単ですね。
売上一億円－仕入七,五〇〇万円－諸経費二,四〇〇万円＝「儲け」一〇〇万円

図表5-1　損益で捉える儲け　A社の例

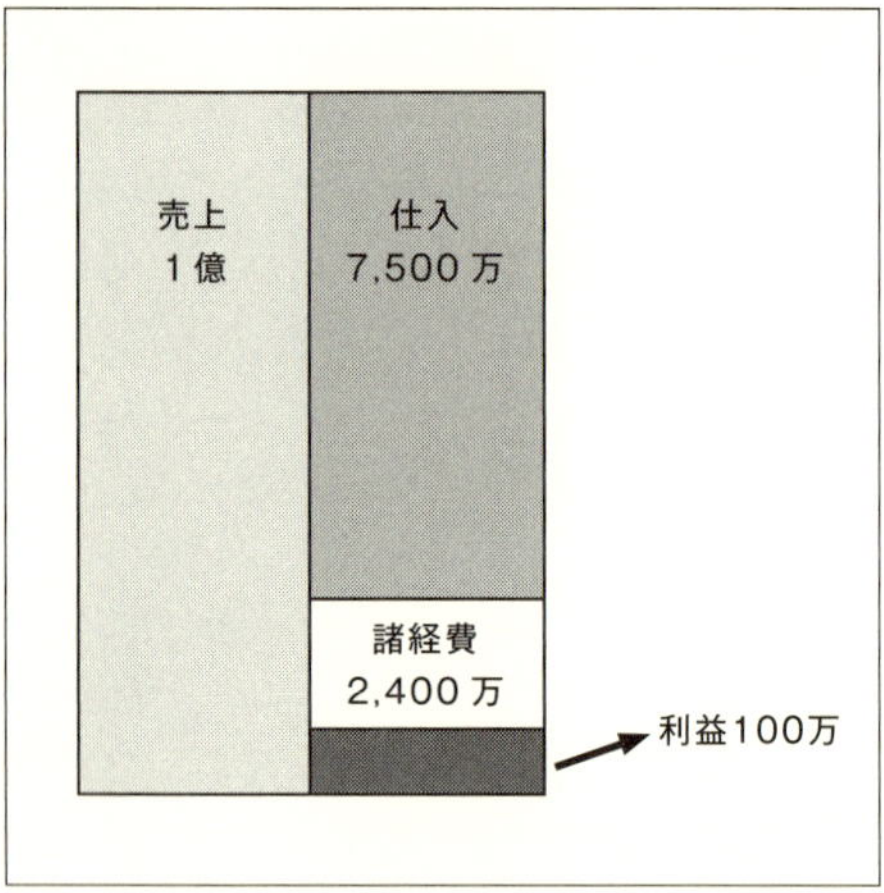

一〇〇万円の「儲け」です。

では、ちょっと考えてみましょうか。このA社の損益計算書に載っている数字はどんな数字でしょうか。もちろん、ごまかしはしてないという前提ですよ。

損益計算書には、ことを起こしたタイミングで数字が入ります。仕入をした日、売上を上げた日、経費がかかった日。まあ、車を買ったときは一回の経費にはならず、何年かに分割するなどという話はありますが、そういうことはおいておきましょう。

A社は商売で一億円の売上を上げ、それにかかった仕入・諸経費を差し引いて一〇〇万円残りました。つまり、仕事で一〇〇万円の「儲け」を出す力があったことがわかります（図表5－1参照）。

●「収支」で捉える「儲け」

次に、「収支」という「儲け」の捉え方について説明します。

「収支」で捉える「儲け」とは、入ってきたお金から出ていったお金を差し引いた、お金の増減で見た「儲け」のことです。このお金の流れを報告書にしたものを、キャッシュフロー計算書といいます。

では、さきほどのA社の数字です。今度は一年間のお金の流れです。売上代金の入金は九，五〇〇万円、仕入代金の支払は七，〇〇〇万円、諸経費の支払は二，四〇〇万円、そして借入金の返済が二〇〇万円ありました。さあ、「儲け」はいくらでしょうか？

さきほどは借入金がありませんでしたが、答えからいきましょう。

売上の入金九，五〇〇万円－仕入の支払七，〇〇〇万円－諸経費の支払二，四〇〇万円
－借入金の返済二〇〇万円＝「儲け」△一〇〇万円

「儲け」が赤字になってしまいました。

図表 5-2　収支で捉える儲け　A 社の例

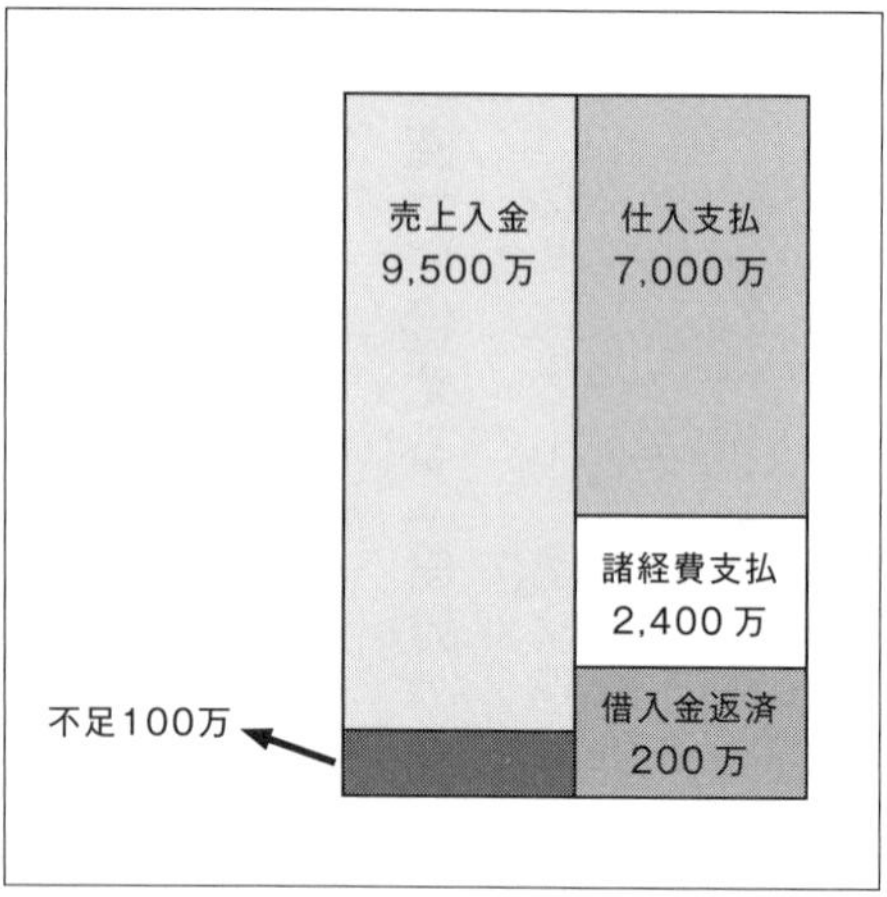

キャッシュフロー計算書では、お金が動いたタイミングで数字が入ります。仕入代金を払った日、売上代金が入金された日、諸経費を支払った日。このほかにもお金を借りた日や返済した日、車を買った日などというときの数字もお金が動いていればすべて入ってきます。

さきほどの「損益」で捉えた「儲け」は、「勘定」ぴったりで「儲け」が一〇〇万円となりました。しかし、「収支」で捉えた「儲け」ではお金が出ていくほうが多く、「儲け」どころか一〇〇万円の赤字となりました。まさに『勘定合って銭足らず』なのです（図表5－2参照）。

●「勘定」と「銭」の違い

では、『勘定合って銭足らず』はなぜ起こるのでしょうか。「勘定」と「銭」、つまり「損益」と「収支」とを比べてみましょう。

「損益」と「収支」には、大きく違うところがあります。それは、捉える目的の違いです。**「損益」で捉える「儲け」の目的は、どれだけの「利益」を生み出す力があるかを知ること**です。この売上についてはこれだけの仕入がかかり、営業を続けるためにはこれだけの諸経費がかかる、というふうに、利益がどのように構成されているかを知ることができます。

頭の中で「儲け」を考えるときは、どれだけの利益を生み出す可能性があるかが重要になります。たとえば借入を返済するためには、利益を出した中から返済しなければなりません。そのため、この額の利益を確保するためには、原価がこのくらいかかって経費がこれだけ必要だから売上はこのくらい必要だ、という「損益」で捉える「儲け」が必要なのです。

一方、**「収支」で捉える「儲け」の目的は、どれだけの「お金」を生み出す力があるかを知ること**です。売上の入金から仕入・諸経費の支払で残ったお金を、こちらの投資に充て、こちらの返済に充て、残りを次の営業に充てた、というふうに、お金がどのように増え、どのように運用されたかを知ることができます。そのために、「損益」にはなかった借入の返済などの項目が入ってきます。

頭の中で描いた「儲け」を現実のもの、つまり「銭」にするときは、実際のお金の流れがどうなるか、つまり資金繰りが重要になります。頭の中での「儲け」は売上や仕入・諸経費が同時点で計算されています。しかし、**現実のお金はまったくバラバラのタイミング**なのです。

お金の流れというものは、まず買ったモノのお金を払うところから始まり、最後に売ったモノのお金をもらうところで終わります。そして、その一巡が終わらないうちに次の商売が始まりますので、お金がもらえていない状態で次の支払がやってきます。入金と支払との間でお金が足りているか。足りないときにはお金をどうするのか。それを考え、対処して**「収支」で捉える「儲け」として実現するのが資金繰り**です。

●アゲインストの風（向かい風）を読む

Y社長の話に戻りましょう。

Y社長には、新築三棟の仕事が入りました。売上は六，〇〇〇万円で、材料代や外注工賃・現場諸経費を差し引いた粗利で一，〇〇〇万円ほどを見込んでいます。この「儲け」の数字は、

「損益」と「収支」のどちらでしょうか？

そう、これは「損益」で捉えた「儲け」ですね。内金がいつ入る、材料代はいつ払うといった、お金の流れが抜けています。

Yさんの仕事は、工期の短いリフォームが多いため、売上の入金と仕入等の支払が短期間で終わっています。そのため、新築一棟程度であれば多少の資金不足は運転資金のやりくりで何とかなりました。ところが、今回は工期の長い新築物件を一度に三棟回すのです。工事代金の支払条件によってはまとまった入金が後になるため、材料代や外注工賃の支払が追いつかずにアゲインストの風、**資金繰りの瞬間最大風速が吹いてしまう**ことになりかねません。

「Yさん、その三棟の内金の入金ペースはどうなっているんですか？　お金が入らないうちに持ち出しだらけ、なんてのはナシですよ。いくら儲かるからって、それじゃあ『勘定合って銭足らず』じゃないですか。銀行だって、せっぱ詰まってから行くのと資金繰り表とか前もって用意して行くのとじゃ、印象が違いますからね」

「資金繰りったって、今まで来た請求書をそのまま払ってるだけだからなー。お金が足りなかったら外注先にちょっと待ってもらってるし」

「……。Yさん、資金ショートって言葉は知ってますよね。支払をちょっと待ってもらえているうちはいいかもしれませんが、取引金額が大きくなってくると、ちょっと待ってが信用問題になってしまいますよ」
「あれ、何か今日キビシイなあ……」

●黒字会社は「勘定合って銭も合う」

Y社長には、キビシク資金繰りの大切さ・怖さを再認識してもらい、お金の出と入りの予定を計算してもらいました。すると、工期終盤のほうでどうにも資金が足りなくなってしまう状況が明らかになり、最終金の入金までのつなぎ融資を考えることになりました。
『勘定合って銭足らず』は、一歩間違えると不渡りや信用失墜など、本当に怖い問題を抱えています。逆のパターンで『勘定合って銭多し』ということもあります。たとえば、運転資金の融資を受けた直後で、実際の利益に比べて妙に手持ちの資金が多い状況などです。この場合も**本来の「儲け」と勘違いして派手にお金を使ってしまい、気がついたら『勘定合って銭相当足らず』**となってしまうこともあるのです。

儲かる会社の条件は、何といっても『勘定合って銭も合う』会社であることです。頭の中で計算した「儲け」を、現実のお金としての「儲け」へとつなげていく力を養うこと。黒字会社はここが違うのです。

2 節税は会社のためならず？
高級車、ガソリンどころか会社も食らう

●節税熱心なY社長

Y社長の会社は順調に業績を伸ばしていき、それなりの役員報酬をとれるほどになりました。会社が儲かってくると、当然に税金の話も付いてきます。Y社長は、暇を見ては経営セミナーなどに足を運び、「あなたの会社は払い過ぎ！」とか「知っておきたい節税のキモ」などという話を聞いてはあれこれ考えています。

「俺の会社もだいぶ儲けが出るようになったよなー。いよいよ高級車に乗ろうかなー、なんて思うんだけど。あれだよね、中古で買ったらたくさん経費になるんでしょ。こないだセミナーで聞いたんだ。そんなことくらい教えといてくれればよかったのに」

「たくさんといわれたらたくさんですけど……。それは、買った値段が早く経費になるかどうかってことです。高級車が必要かどうかは別として、Yさんのいう中古ってどのくらいのを予定しているんですか？」

「六年落ちなんだけど、まあ見た目もきれいなヤツがあってね。古いほうがより落ちるんだよね、経費に。これぞ節税って感じで」

「いやいやYさん、古けりゃいいってわけでもないんですよ」

●六年落ちの高級車は得なのか

さて、巷にあふれる節税の話では、新車を買うより中古車を、というのが定番です。中古車がなぜ得なのかというと、早く経費にできるからです。

車など、買ってから数年間使うことになるようなものは「減価償却」といって、税務署が決めた耐用年数に分割して経費にする決まりになっています。乗用車を新車で買った場合は六年かけて経費にすることになります。

ところが、中古車の場合は、その車が何年使われたかによって経費にする年数を縮めることができるのです。経費にする年数が縮まるということは、それだけ一年間で落とせる金額が多くなるので節税になるというわけです。もちろん、経費にできる総額が増えるわけではありませんが。

Y社長はこの話から、年数が経っているほど早く経費になるので、古いほうが得だと思っています。実は、この年数には落とし穴があるのです。

中古の場合の経費にする年数は、原則として次の算式で計算します。ただし、最短で二年です。中古の経過年数が新品の耐用年数を超えたときも二年となります。

算式：新品の耐用年数－中古の経過年数×〇．八

Y社長が狙っている六年落ちの中古車を算式で計算すると、新品の乗用車の耐用年数は六年なので、六－六×〇．八＝一．二→二年（最短二年）、二年で経費に落とせることになります。

ここで、経過年数別に経費に落とすのにかかる年数をシミュレーションしてみましょう（図表5－3参照）。

図表5-3　中古車の耐用年数

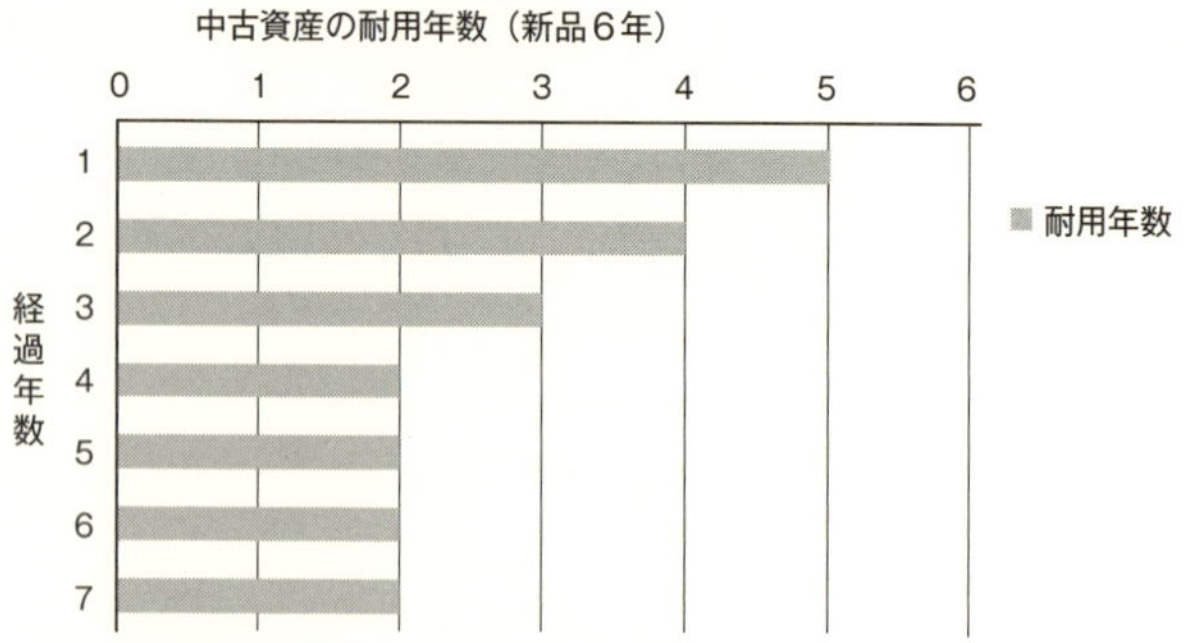

経過年数1年：6－1×0.8＝5.2→5年
経過年数2年：6－2×0.8＝4.4→4年
経過年数3年：6－3×0.8＝3.6→3年
経過年数4年：6－4×0.8＝2.8→2年
経過年数5年：6－5×0.8＝2.0→2年
経過年数6年：6－6×0.8＝1.2→2年（最短2年）
経過年数7年以上は耐用年数を超えるため、2年

おや、六年落ちで二年でしたが、五年落ちでも四年落ちでも二年です。ということは、値段や程度の問題もありますが、落とせる割合だけで考えると四年落ちで充分なわけです。もともと新車と中古車とで迷うのでしたら、なるべく新しいほうがいいですよね。

●中古のパソコンは得なのか

話は変わりますが、パソコンだったらどうでしょうか。

最近はリユース（再使用）市場の急成長もあいまって、中古パソコンにも目が向けられるようになりました。中古ですから新品よりは安く買えますし、年数の話もあるので得な気がします。

ただ、年数だけの話となると、車よりもシビアです。というのも、パソコンの耐用年数は四年です（今時分四年でも長いと思いますが）。さきほどのシミュレーション、やってみましょう（図表5－4参照）。

図表5-4　パソコンの耐用年数

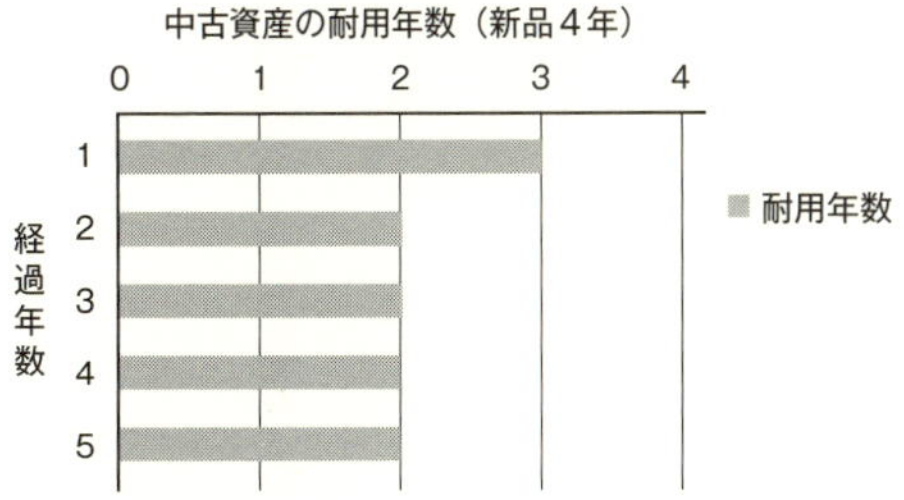

経過年数1年：4－1×0.8＝3.2→3年
経過年数2年：4－2×0.8＝2.4→2年
経過年数3年：4－3×0.8＝1.6→2年（最短2年）
経過年数4年：4－4×0.8＝0.8→2年（最短2年）
経過年数5年以上は耐用年数を超えるため、2年

おや、二年落ちで二年になってしまいます。中古パソコンが新品より安いとはいっても、劇的に安いわけでもありません。あまり節税というイメージはわきませんよね。

さて、ここまで耐用年数の話をしていて何ですが、場合によっては耐用年数を考えるよりも新品のほうが断然経費に落とせることもあります。特別償却や税額控除といった制度を適用できる場合です。特別償却は一定の要件を満たす資産を取得した場合に、通常の償却費に税制上で優遇する特別償却費を加えて通常より早く経費に落とせるというものです。また、税額控除は経費で落とす金額とは別枠で税金を負けてくれるという、とてもありがたい制度です。ただし、税制は毎年変わるものですから、必ず税法を確認する必要があります。

●古いほうがお金がかかる

Y社長の話に戻りましょう。

Y社長が狙っている高級車は六年落ちのものでした。さきほどの計算から、その高級車を買った場合には二年で全額を経費に落とすことができます。単純に早期経費化ということであれば何の問題もないでしょう。

しかし、維持費まで考えるとどうでしょうか。数年にわたって使うようなものは、維持費というものがかかります。定期点検などの保守が必要であったり、年度ごとに税金や登録料がかかったり、使っていくにつれて故障などによる修繕が必要であったりとさまざまです。場合によっては、製品の販売終了により保守対応が終わってしまうということもあります。

維持費も馬鹿にできないのです。新品と中古を同時に使い始めたら、数年後には中古のほうがお金がかかっていた、なんてこともあり得ます。

節税の話は別として、経費削減の一環として中古品ですますという手もありますが、**初期**

費用だけでなく、使っていく中での総合的な判断をしないと『安物買いの銭失い』になってしまいます。

「Yさん、私は車は詳しくないんですけどね、車でも何でも古くなるとあちこちボロが出てくるじゃないですか。そうすると修理代とかも結構かかるんじゃないですか？『安物買いの銭失い』っていいますからね」

「高級車に乗るんだったら、維持費がかかるのは当然だよ。それに中古で安く買えてるんだし。修理代は普通に経費に落ちるんだよね。なら節税になっていいんじゃないの？」

「……その考え、ちょっと待ったです。節税の意味をはき違えていませんか？」

●節税熱心が会社を食いつぶす？

さて、ここまで、中古はその経過年数により経費に落とせる年数が縮まったり、制度によっては新品のほうが得をしたりという節税の話をしてきました。

しかし、**節税にとらわれてしまうと、本来の目的であった儲かる会社を作るということを忘れてしまいがち**です。

モノを買って経費を増やす節税というのは、お金を使うことが前提となります。儲けの半分に対して税金がかかるとすると、五〇万円の税金を減らすためには一〇〇万円を使わなければなりません。必要な経費で一〇〇万円を使って税金が五〇万円減ったということであればよいのですが、税金を減らすのに一〇〇万円を使うのであれば本末転倒です。お金のことを考えたら、渋々ながらも五〇万円の税金を選択すれば、手元には五〇万円が残るのですから（図表5－5参照）。

図表 5-5　節税で資金がなくなる

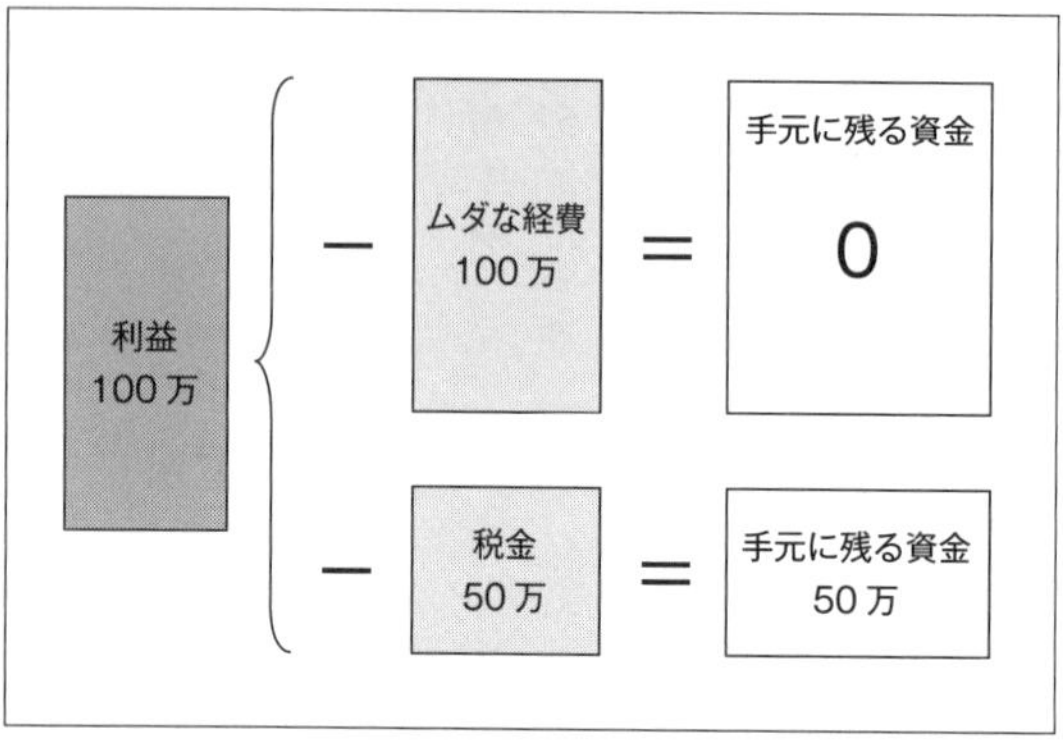

利益の中から会社にお金を残すことを内部留保といいます。内部留保は借入金とは違って返済義務がありませんから、運転資金へ追加したり、必要な設備投資をしたり、あるいは不要な借入の返済に充てたりと、さまざまな用途に使うことができます。

節税と称してお金を使ってしまい、内部留保のチャンスを逃してしまうのは実にもったいない話です。下手をすると、要らない買い物のためにさらなる出費をする羽目になって、節税が会社を食いつぶすことになるかもしれませんよ。

3 名を捨てて実を取る

自社ビルを建てたら会社が倒れた？

●みんなのあこがれ、自社ビルオーナー

自社ビル。何ともいえない響きですね。多くの経営者が自社ビルオーナーを夢見て毎日を頑張っています。自社ビルを所有するということは、それだけの資金力があるということで、会社自体のランクが上がり、対外的な信用もついてきます。そして、何よりも**自社ビルを所有する経営者**、という名誉を得ることができるのです。

Y社長もそんな自社ビルオーナーを夢見る中の一人です。

「うちの仕事もだいぶ軌道に乗ってきて、人手が足りなくなったんで人を増やそうかと思ってるんだけど。ちょっと会社が手狭になってきたんだよねー」

「順調でなによりですね。で、移転先を探しているところなんですか？」

「うん……」

「うん……て、なんだか歯切れの悪い感じですが、何か？」

「いや、ね、何か怒られるかなーと思ってさ。会社も順調だし、ずっと家賃を払ってくのも馬鹿らしいなーと思って。自社ビルとか……」

「なるほど、そういう話ですか。まあ、自社ビル自体は社長が決めることですが、自社ビル取得にあたっては相当の覚悟が必要ですよ。下手をすると自社ビルのデメリットばかりが目立ってしまいますからね」

「それって……ダメってこと？」

「ダメとはいいませんが、これから説明する自社ビルのリスクをよーく考えてみてください」

●自社ビル所有のメリット・デメリット

まずは、自社ビルを所有する場合と、テナントとして入居する場合のメリット・デメリットをそれぞれ比較してみましょう（図表5－6参照）。

図表5-6　自社ビルとテナントの比較

	メリット	デメリット
自社ビル	会社の財産となる 自由に使える 会社に信用がつく	初期投資が多額 維持費がかかる 移転が困難
テナント	初期投資が少額 維持費がかからない 移転が容易	経費でしかない 使用が制限される テナント間の付き合い

自社ビル所有のメリットは、まず自社ビル自体が会社の財産となることです。将来的に不動産を担保として資金調達をすることも考えられますし、場合によっては自社株対策として株式の評価額を下げる一手ともなり得ます。そして、自分の持ち物ですから自由に使用することができます。また、自社物件を所有する会社ということで、対外的な信用をつけることにもつながります。

自社ビル所有のデメリットは、当然ですが初期投資が多額に上ることです。購入代金や建築費・仲介手数料・登記費用・不動産取得税など、実にさまざまな支払が生じます。そして、所有する間には固定資産税や保険料、点検・修理代などの維持費がかかり、一度所有したからには新たな移転等が困難となります。

テナントのメリットは、自社ビルのデメリットと正反対になりますが、まずは初期投資が比較的少額ですむことです。事前の調査費、保証金・仲介手数料・移転費などを見込めばよいでしょう。また、物件の維持管理は家主がするものですから、維持費もかからず、手狭になってきたときの移転も容易となります。

テナントのデメリットは、支払う家賃は経費でしかないということのほか、使用が制限されたり、他のテナントとの協調が必要であったりすることです。

●自社ビル所有のさらなるリスク

自社ビルを取得するにあたり、取得費を自己資金で賄える会社はそうはないでしょうから、通常は借入金をもって取得することとなります。借入金による自社ビル取得には、さきに触れたデメリットとはまた別のリスクが潜んでいるのです。

――損益と収支との錯覚

「家賃で払っていた分を借入の返済にまわす」という思惑で、自社ビルの取得を考える方が多いかと思います。しかし、テナントで払っていた家賃は全額経費となりますが、借入元本の返済は経費ではありません。つまり、経費が少なくなった分だけ利益が上がり、税金が出てくることになります。支払う額が同じだからと思っていると、思わぬところで足が出てしまっていることがあります。

――土地は減価償却できない

さきほどの続きになりますが、実際には家賃の支払に代わって、取得した自社ビルの減価償却費を経費として計上することになります。この減価償却費がそれまで払っていた家賃に近くなればよいのですが、残念ながら土地については減価償却ができません。結局のところ、土地分の借入については利益を出して返済の元手を捻出しなければならないのです。

――収益力の不安

自社ビルを取得するにあたっては、賃貸部分を用意して収益を確保し、それを返済に充てていくということが考えられます。しかし、思ったように物件が埋まらないということも多く、賃貸収益をあてにしたことがあだとなってしまったケースがあります。

●自社ビルは悪なのか？

「なんだか聞いてると悪いことのほうが多そうだね。自社ビルってダメなのかな」

「あ、ごめんなさい。自社ビルが悪いといっているわけではないんです。ただ、自社ビルのいろんなリスクを考えずに、ただ会社にハクをつけたいがために取得に踏み切ってしまい、あとで失敗してしまう社長さんが多いということなんです」

「だって、みんなそうでしょ？　自社ビルって会社が大きくなりましたよってシンボルみたいなもんじゃない」

「確かに。会社の格が上がることは、対外的な信用がついてくるほかに、社員自体のモチベーションの向上も期待できますよね」

「そうそう、俺はそれを言いたかったんだ。やっぱり社員あっての会社だからね！」

「……」

自社ビルを建てたら会社が倒れた、というのはよく聞く話です。やはり自社ビルオーナーという名声がちらつくと、普段は堅実な人でも何となく気持ちが傾いてしまうものです。会社が倒れる原因は、ここまで話したような財務体質の悪化による資金ショートがほとんどです。借入金の返済が終わって、自社ビルが本当に会社の財産になる前に、資金繰りが持たなくなり手放すことになってしまうのです。

もし自社ビルを持つことが単に見えのためだけなら、もう一度考えてみてください。ことわざにもこうあります。「名を捨てて実を取る」と。

4 在庫は金なり
在庫に利息はつきません

●在庫を持っているだけでお金がなくなる

Y社長が何だか腑に落ちないという様子で聞いてきました。

「ちょっと聞いていい？　こないだ知り合いの材料屋がいってたんだけど、売れてる商品が一時的に安く手に入るってんで大量に仕入れたんだって。でも、そのあとすんごいお金がきつかったっていうんだよ。どういうことかな。売れる商品が安く買えたんだから、利益が上がる気がするんだけど」

「大量にって一体どのくらい仕入れたのか知りませんけど、それは運転資金が不足したんじゃないでしょうか。いくら売れる商品だからって、お金の流れを無視した仕入方をしたら、お金がなくなっちゃいますよ」

お金が在庫に変わり、売掛金に変わり、そしてお金として戻ってくるという話があります。

おそらくY社長のいう材料屋さんは、安かったからとはいえ過剰な仕入をしたがために、お金が在庫に固定されてしまったのでしょう。本来なら他の仕入や諸経費のために使えるはずの運転資金が在庫になってしまっているので、資金繰りに窮したのだと思います。

在庫を持つということは、さまざまなリスクが生じます。在庫を保管しておくためには、場所や保険などのコストがかかります。また、在庫自体が劣化してしまったり、「死に筋」になってしまったりなどのリスクを背負うことにもなるのです。

●在庫を持つための資金

たとえば在庫が四〇〇万円あるという場合、単純に考えて四〇〇万円のお金が常に在庫として固定されていることになります。在庫は、存在する時間だけお金がかかりますから、仕入れてから売れるまでの期間が短いほど在庫資金は効率的となります。在庫が存在する期間を計る指標として、棚卸資産回転期間というものがあります。

棚卸資産回転期間は次の算式で求められます。

棚卸資産回転期間＝期末在庫÷年間売上高×三六五（日）

この例で年間売上高が六，〇〇〇万円だとすると、棚卸資産回転期間は「四〇〇万円÷六，〇〇〇万円×三六五＝二四．三日」となります。これは、在庫を仕入れてから売れるまでに二四．三日かかるということです。同じように、売上債権回転期間や仕入債務回転期間という指標もあり、これらを総合して必要な運転資金を求めることができます。

売上債権回転期間＝期末売上債権÷年間売上高×三六五（日）
仕入債務回転期間＝期末仕入債務÷年間売上高×三六五（日）

この例で期末売上債権が五〇〇万円、期末仕入債務が三五〇万円だとすると、売上債権回転期間は「五〇〇万円÷六，〇〇〇万円×三六五＝三〇．四日」、仕入債務回転期間は「三五〇万円÷六，〇〇〇万円×三六五＝二一．三日」となります。

仕入れた在庫が売れるまで二四．三日、売れたお金が入ってくるまで三〇．四日かかりますから、お金として戻ってくるまでは合計の五四．七日かかることになります。一方で仕入れた在庫の支払は二一．三日で支払わなければなりません。つまり、「五四．七日－二一．三日＝三三．四日」分の資金が足りないことになるのです。一日当たりの金額は「売上六，〇〇〇万円÷三六五日≒一六四，〇〇〇円」ですから、「三三．四日×一六四，〇〇〇円≒五五〇万円」

の運転資金が必要となります（図表5－7参照）。

もし、在庫を一四日で売ることができるなら資金不足は「在庫一四日＋売上債権三〇・四日－仕入債務二一・三日＝二三・一日」となり、「二三・一日×一六四，〇〇〇円≒三八〇万円」の運転資金ですむことになります。**在庫を圧縮することで、資金繰りも向上するの**です。

図表 5-7　棚卸資産回転期間

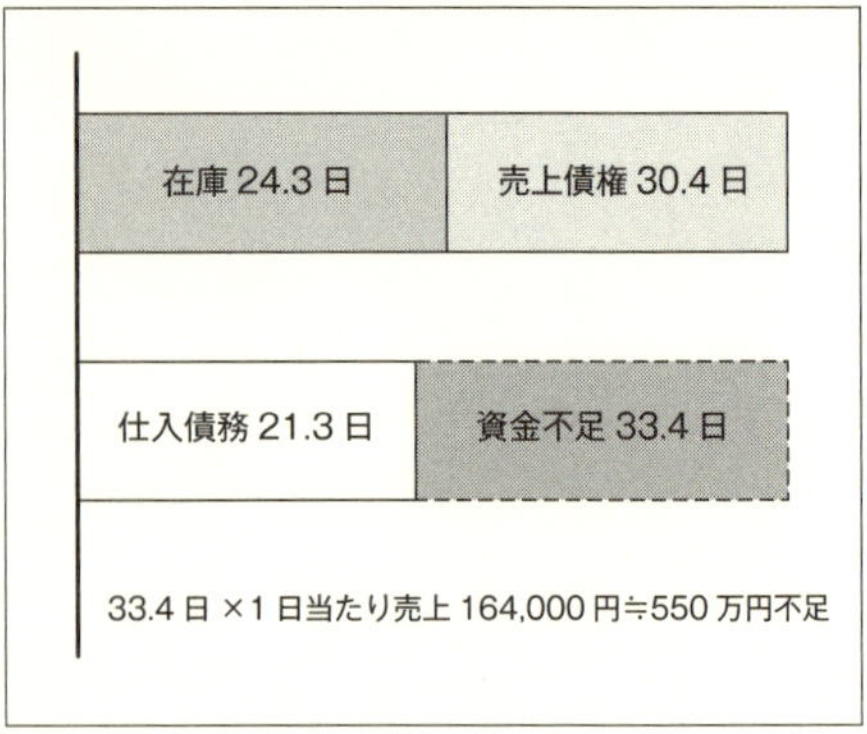

●ABC分析で主力商品を見極める

ひと言に在庫を管理するとはいっても、すべての在庫に対して同じ労力を注ぐというのは大変なことです。在庫管理を効率化するためには、**主力商品とそうでないものとに分類し、管理の重要度にメリハリをつけていくこと**が大切です。

どの商品に重点を置くかという判断には、ABC分析が有用です。ABC分析とは、商品別に一定期間の売上高を出し、それを大きい順に並べた場合の上位累積七〇％から八〇％を

図表5-8　ABC分析

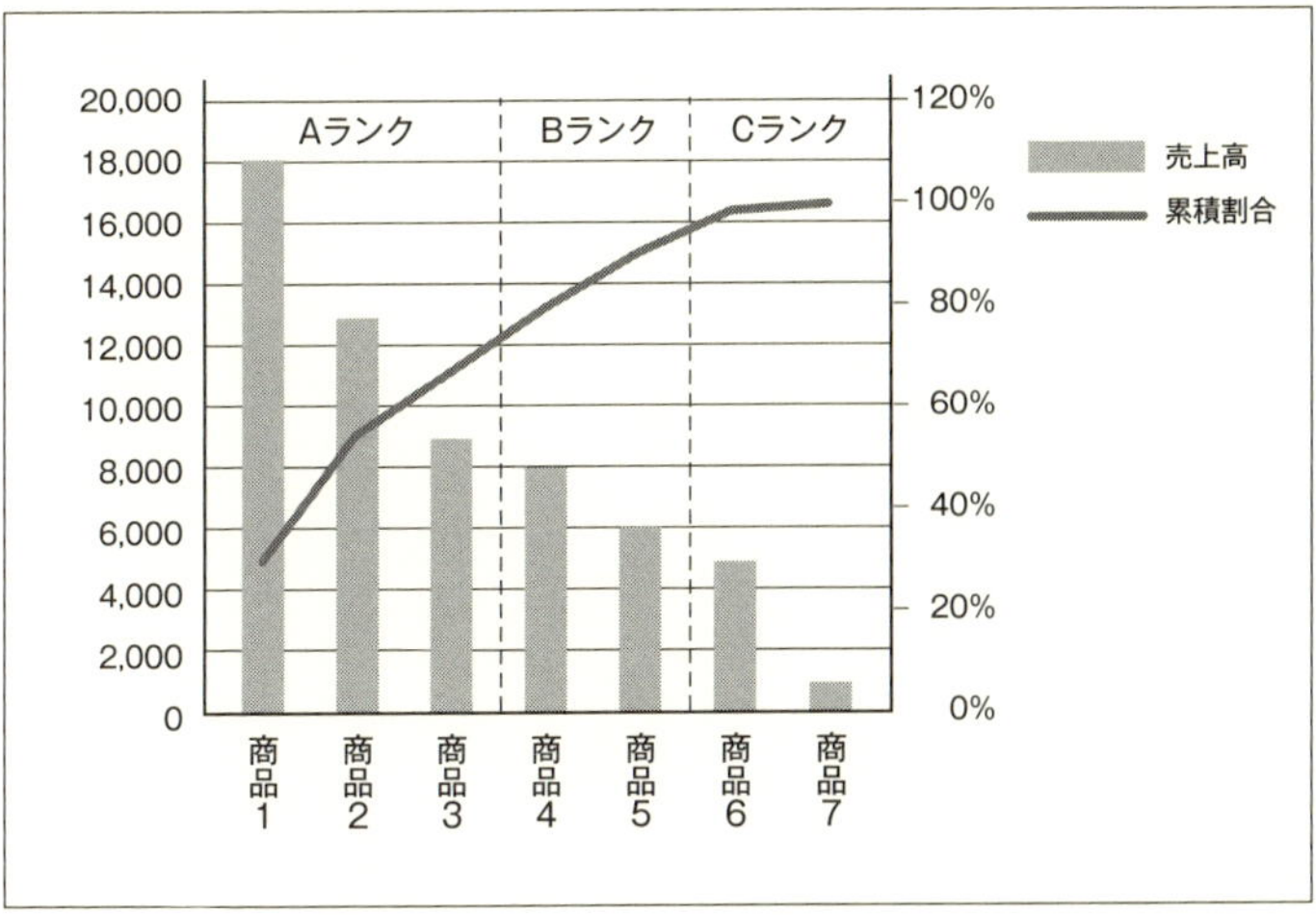

Aランク、八〇%から九〇%をBランク、それ以外をCランクとして分類するものです（図表5－8参照）。

Aランク商品は、いわゆる主力商品であり、きっちりと在庫管理すべきです。この分類の商品に欠品や納期ミス、損害などが起こったら死活問題となります。逆にいうと、全体からみるとAランクに入る品目は少ないものの、それだけで売上の七〇%から八〇%を占めているわけですから、**ここさえしっかりと押さえておけば大きな損失を出すことは少ない**ということになります。

逆に、Cランク商品は、あまり売れていない商品であり、死に筋ともいえるものなので過剰在庫を避け、あるいは商品入れ替えなどで早めに処分したほうがよいかもしれません。Cランクに入ってくるものには、これら不良在庫予備軍のほか、Aランク商品の引き立て役などとしてあえて用意しておく戦略商品であったりもします。

なお、Bランク商品はこれらの中間の扱いとなります。

ABC分析は、このほか顧客の重要度を管理したり、粗利益で利益貢献度を分析して販促を考えるもとに使用されたりしています。

●効率的な発注を考える

在庫を持つとさまざまなコストやリスクが生じることをお話ししてきました。しかし、ギリギリまで在庫を減らすことは、それだけ欠品などを誘発してしまう原因ともなります。ある程度の在庫量を確保しつつも、在庫にかかるコストを最小限にするための方法として、経済的発注量というものがあります。

在庫にかかるコストには、発注にかかるコストと保管にかかるコストとがあります。発注にかかるコストは発注・検品にかかる人件費などで、発注一回当たりの数量が大きくなるとコストが下がる傾向にあります。一方、保管にかかるコストは家賃や保険料などで、数量が

図表5-9　経済的発注量の考え方

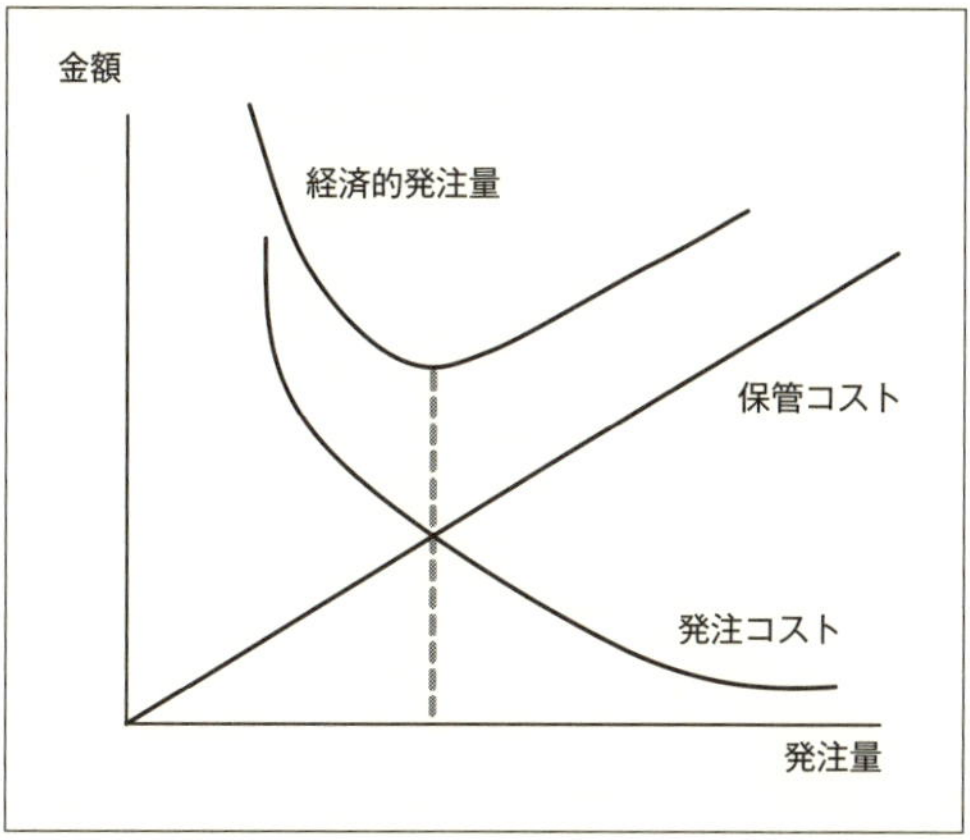

増えるのに比例して上がっていきます。この二つの費用の合計が最小になるところが経済的発注量となります。（図表5－9参照）

発注方式の主なものには、定期発注方式と定量発注方式とがあります。

定期発注方式は、経済的発注量を基礎として定めた一定期間ごとに、在庫量や次期需要の予測などから発注量を決めて発注するというものです。Aランクの商品や、鮮度が重要な商品などに向いている方法です。

定量発注方式は、経済的発注量を基礎として一定の発注点となる在庫量を定めておき、在庫量が発注点を切ったときに発注するというものです。定期発注方式と比べると、発注量が固定されている分、作業が楽になります。Bランク以下の商品に向いている方法です。

●売れ残りより怖いチャンスロス

ＡＢＣ分析でＡランク商品は徹底管理が必要と述べました。主力商品については、**売れ残ったことよりも売れなかったことのほうが問題**です。売れなかったというのは、売れるはずのタイミングで商品が欠品していたりして、売上が上がらなかったという意味で、このことをチャンスロス（機会損失）といいます（図表５－10参照）。

チャンスロスの怖いところは、目に見えないということです。売れ残りの場合は、そこに在庫が残っているので見切りや廃棄などを数字として把握することができます。しかし、チャンスロスは売れたかもしれないし、売れなかったかもしれないという不確実なものですし、なにより数字で把握することができません。経営者としても、目に見えないチャンスロスよりは、数字として把握できる見切り・廃棄のほうに気が行ってしまうのです。

しかし、お客様にとっては、**欲しいものがここにはなかったという事実が間違いなく残る**のです。もしその商品が他店にあったとすれば、いずれお客様は去ってしまうでしょう。

図表 5-10　チャンスロスのイメージ

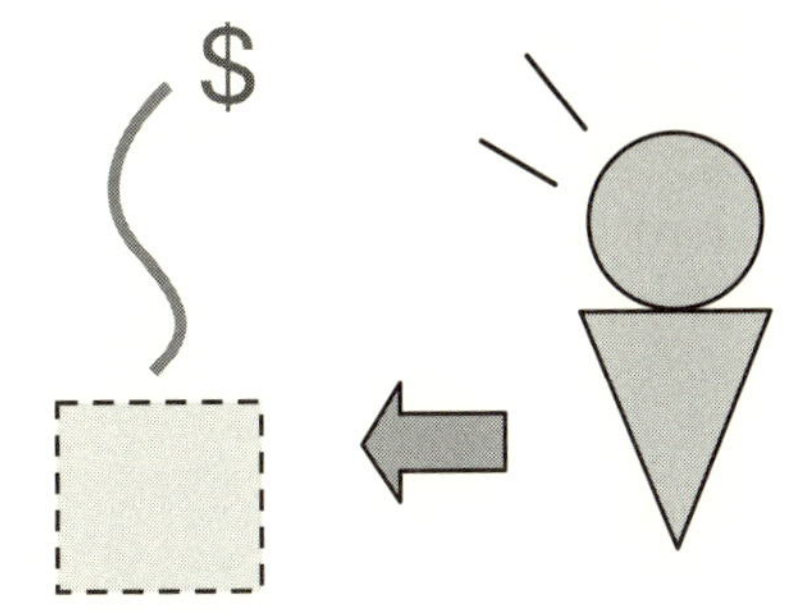

売れるはずのタイミングで、売る商品がなければ
売上は上がらない。

もし在庫がゼロになるようなことがあれば、そこにはチャンスロスがあるはずです。極端な話、Aランク商品であるならば、多少の過剰在庫は覚悟の上でもチャンスロスを起こさないように気をつけなければなりません。

5 損して得はとれるのか
値段にまつわるエトセトラ

●値下げは消耗戦でしかない

Y社長との打ち合わせが長引き、近くのレストランでランチをすることになりました。

「あれ？　こないだよりも安くなってるな。まったく、どこも値下げ値下げだよね。うちも下げなきゃやってかれないのかなー」

「Yさん、他が下げたからって、それを追っかけてただ値下げをするだけなのは相当危ない話ですよ」

「何いってんの、下げなきゃ売れないじゃない」

「値段だけの話なら下げれば売れるでしょう。でも、**値下げでできたお客様は値上げで去っていくものです**。**単なる値下げは消耗戦でしかない**ですよ。このレストランだって、ただ値下げしたのではなく、コストを意識したメニュー作りとか、いろいろ考えているはずですよ」

たとえば、新規顧客獲得の方法として、赤字覚悟の値段で売込みをかけ、後々の取引で利益を取り戻すやり方があります。しかし、最初の赤字を取り戻すためには、その数倍の売上が必要になります。もし値下げ商品の選定や、その後の取引の成功度合いなどを考えずに単純な値下げを行った場合、運よく顧客を獲得できたとしても、その後の取引から去っていったときには、結局のところ損が損のままで終わってしまうでしょう。

●理想の値段とは?

では、値段とはどうやって決まるのでしょうか。通常、需要側である買い手、つまりお客様はできるだけ安く買いたいと思います。また、供給側である売り手、つまり会社はできるだけ高く売りたいと思います。しかし、それぞれの思惑でいっても取引は成立しないでしょう。お互いが妥協して一致する値段、それが市場価格です。

しかし、売り手が目指すべき理想の値段は市場価格ではありません。会社は利益を確保しながらも、お客様からの満足を得なければならないからです。**会社が目指すべき値段は、買い手であるお客様が満足する中で最も高い値段**です。

理想の値段を付けるためには、まず会社が最低限付けなければならない値段を把握することが必要です。最低限の値段とは、目標とする販売量で原価・諸経費を回収できる値段です。

図表 5-11　理想の値段

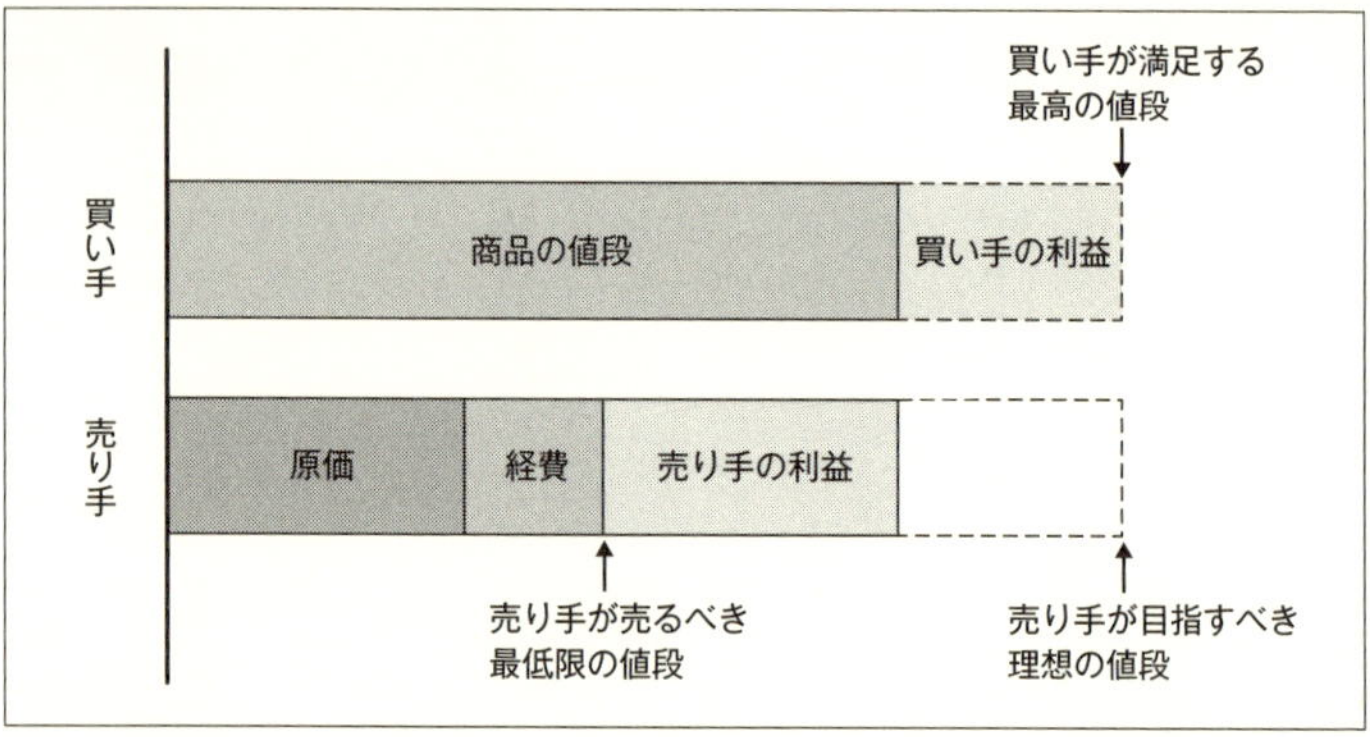

この最低限の値段に、会社が追及すべき利益を加えるわけです。図表5－11にあるように、買い手からすると、満足できる最高の値段よりも安く取引ができた場合には、その差額が買い手の利益となります。しかし、最高額であってもそれは買い手が満足できる値段ですから、売り手はその最高額を目指さなければなりません。

もしも「売り手の最低限の値段」が「買い手が満足できる最高の値段」を超えていたらどうでしょうか。買い手が満足できないのであれば売れない商品となってしまいます。その原因は、**商品にそれだけの価値がないか、売り手のコストに対する努力が足りないかのどちらか**でしょう。

●買い手を意識した値段

さて、ここまでは売り手の原価をもとに値段を考えました。しかし、ひと言に買い手が満足できる値段といっても、商品の種類によって満足の仕方に違いがあります。ここでは、買い手の心理を意識した値段についていくつか紹介します。

――慣習価格

常に身近にあるものなどは、長期間にわたって価格が一定の範囲にあるものです。その範囲を超えた場合には売れなくなり、下回っても爆発的に売れることもありません。

自動販売機のジュースが三〇〇円だったら普通は買いませんよね。かといってスーパーで三〇円で売っていたとしても、よほどまずいのか賞味期限が近いのかと思ってしまいます。

――名声価格

高級品や贈答品など、その商品の価値を買い手が判断しづらいものは、高い値段のほうが名声を得られ、逆に安心感が出てくるものです。

ブランド品があまりにも安いと、本物かどうか疑ってしまいますよね。ブランド品のセールに行列ができるのも、買い手が高いものだという認識を持っているからです。安くなっていても、普通のものよりは高いですから。

——端数価格

一万円などとキリのよい数字をあえて外して九，八〇〇円などとすることで、ある一線を越えたギリギリのところまで値下げしたイメージを持たせます。

二，〇〇〇円均一セールでは気にならないのに、今日だけイチキュッパと聞くと、なぜか気になってしまいますよね。

——差別価格

同じ商品であるのに、場所や時間、年齢や性別などで価格が差別されるものです。

たとえば、航空運賃は同じ席であっても大人か子供か、繁忙期か閑散期かで当然のごとく料金が違いますが、それが普通になっています。

●値段いろいろ、売り方もいろいろ

値段の付け方についてはさまざまなものがありました。しかし、理想の値段が付けられたとしても、それをどう売るかという別の課題が出てきます。広告や販売員活動など、売り方にはさまざまな方法がありますが、ここでは値段にまつわるものをいくつか紹介します。

――粗利ミックス

粗利益率の高い商品と低い商品とがある場合に、粗利益率の低い商品でお買い得感をだしつつも、併せて粗利益率の高い商品を買ってもらうことで、全体として一定の粗利益率を確保する方法です。チラシの特売品を見て買いに行っても、特売品だけを買ってくる人は少ないでしょう。

――BUY 2 GET 1 FREE

二個買うと一個もらえるという意味ですが、何となく二個目、三個目が半額で買えるイメージがありますよね。しかし、よく考えてみると、三個が二個の値段で買えるということなのです。実際のところは三三％割引なのですが、言い方次第でお買い得感を増すことができるのです。

――抽選で一〇〇人に一人無料！

全額がタダになるというのは、かなりのインパクトがありますよね。客単価を一定として考えてみましょう。買い手としては個人ごとの話ですから、当たったら一〇〇％引き、当たらなかったら普通に買い物という、ゲーム感覚を楽しむことができます。一方で、売り手としては全体で考えると一〇〇人分の売上から一人分を値引きすることになりますから、一%引きに過ぎないのです。たった一%なのに、全員一割引にするよりは、はるかな集客効果があるのではないでしょうか。

●あなたはいくらで売りますか?

「うーん、値段てのもいろいろあるんだね。でも結局のところ、理想の値段なんてのはわかるもんじゃないよねぇ。それがわかれば苦労しないよ」

「そりゃそうですよ。その値段を追うのもまた社長の醍醐味じゃないですか。どんな値段を設定して、その値段のためにどんな努力をするのか。他人につられて値段を設定しても、正直つまらないですよね」

たとえば仕入値が七,〇〇〇円の商品があるとします。同業者がこの商品を一万円で売っているとしたら、あなたはいくらで売りますか? 同業より安い九,五〇〇円にしますか? 横並びで一万円にしますか? それとも一〇,五〇〇円を付けますか? そして、その値段で売るためにどんな努力をしますか?

この問いには、正解がありません。安い値段を付けて、数多く売って頑張る経営者もいるでしょう。高い値段を付けて、そこそこの数を売る経営者もいるでしょう。あるいは高い値段を付けつつ、さらにうまい売り方を考えて数も売ってしまうという経営者もいるかもしれません。すべては経営者が決めることで、それこそが会社のカラーとなるのです。

かの京セラ・ＫＤＤＩの創業者である稲盛和夫氏は、その著書『心を高める、経営を伸ばす』でこのように記されています。「値決めは経営である」と。

6 売上至上主義ってどうよ

三位一体で利益のハードルを下げる

●根強く残る売上至上主義

「こないだ値段の話をしたけどさー。結局のところ多少の値下げをしてでも売上を上げないとやってけないよね。仕事をしないとお金が回らないんだから」

「Yさん、お金を回すための受注なんていいますが、気がついたら自転車操業になってたってのは、なしですよ。売上だけにこだわってしまうと他のところで足をすくわれてしまったりしますから」

バブル経済崩壊後のリストラ過程では、いわゆる売上至上主義も目立たなくなってきました。しかしながら、ひとたび経営状況が悪くなりはじめると、どこからともなく売上至上主義が復活しているように感じられます。

売上至上主義が台頭してしまうと、さまざまな弊害が生じます。かつて、表面上の売上高が欲しいがために、伝票上の操作だけで在庫が動くことなく企業間で売上を回し、最後に自分に仕入が戻ってくる循環取引が問題になったことがあります。

このほか、売上が欲しいがために、通常よりも長い入金サイトを許容したり、納期が極端に短い仕事を受けてしまったりして、後々のトラブルの温床を作ってしまっているのです。

また、何が何でも売らなければならないという命令は、社員にとっても強迫観念を植え付ける結果ともなり、犯罪の引き金になったりもしています。

大切なのは売上を上げることではなく、利益を上げることなのです。

●粗利を増やす？ 固定費を減らす？

損益分岐点という言葉をよく聞かれるかと思います。簡単にいうと、ある条件から導かれる損益トントンの売上高のことです。ある条件とは、二つの項目です。一つは、売上にかかった仕入・運賃など、売上の増減に比例して増減する費用である変動費です。もう一つは人件費や家賃など、売上の増減とは関係なく一定額が発生する費用である固定費です。

損益分岐点は次の算式で算出されます。


損益分岐点＝固定費÷粗利益率（限界利益率）

図表5-12　損益分岐点

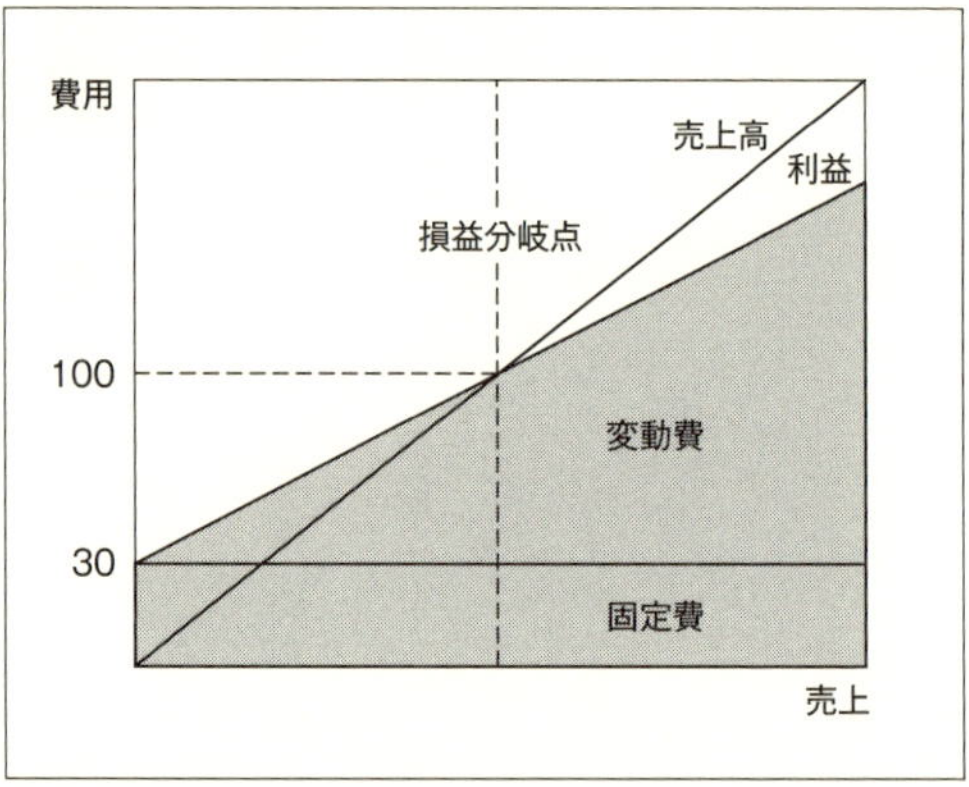

これを図に表すと図表5－12のとおりで、算出される数字は固定費と変動費の合計額と売上高が交差するところを指しています。売上が損益分岐点を超えると、超えた部分に係る粗利はすべて利益となります。例えば、家賃等の固定費が三〇万円かかるお店で粗利益率三〇％の商品を売る場合、「三〇万円÷三〇％＝一〇〇万円」の売上が必要になるということです。

売上至上主義の場合は、とにかく売上を上げることに終始します。しかし、売上だけにとらわれてしまうと、値引き合戦に入って粗利益率が下がってしまったり、固定費の増加に気がつかなかったりして、**売上が上がったのに損益分岐点も上がる結果となり、増収減益となってしまう可能性が大きい**のです。

もし売上が変わらなかった場合は、どこを考えたらよいでしょうか。図表5－12から見て考えられることは二つです。一つは変動費を減らす、つまり粗利益を増やすこと。もう一つは固定費を減らすことです。

●薄利多売？　高利少売？

まずは粗利益を増やすことを考えてみましょう。粗利益というのは、売上から原価を引いたものです。そして、売上は単純に考えると「モノの値段×売れた数」です。粗利益の大小と売れた数の大小の組み合わせで、粗利益の内容を図表5－13のように四種類に分類することができます。

――高利多売

最も理想的な状態で、粗利益が大きく数も売れています。しかし、現実にこの状態を実現できる会社は、そうありません。

――薄利少売

粗利も取れず、数も売れていない危険な状態です。粗利云々を考えるよりは、商品自体の見直しをしてみたほうがよいかもしれません。

——高利少売

高級品などに多くあるパターンですが、とにかく商品の粗利益が高く、しかし高いがために数は売れない状態です。

図表 5-13　粗利益の内容

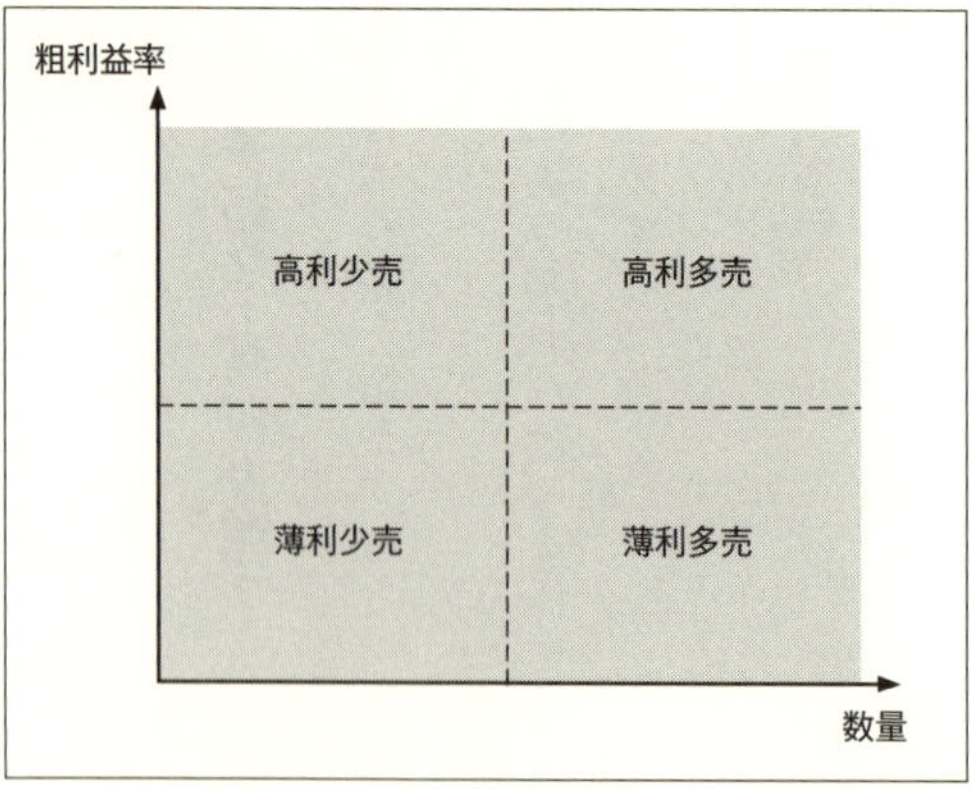

——薄利多売

量販店のパターンですが、商品の粗利益を低くし、数を売って粗利を稼ぐ状態です。

これら四種類の中で、粗利益について考えるとすれば「薄利多売」か「高利少売」のケースです。一般的に「薄利多売」の場合はもともと売れている数量が多いので、粗利を増やすのであれば数を増やすよりも単価を上げるとか、原価を下げるなどして粗利益率を上げるのが効率的です。「高利少売」の場合は、もともとの粗利が大きいので数を増やすのが効率的です。

●減らす経費、増やす経費

次に、固定費を減らすことを考えてみましょう。固定費を減らすということは、図表5－14のように損益分岐点を下げるということです。言い換えると、**固定費を減らすことは利益を増やすこと**なのです。しかし、ただがむしゃらに経費削減を掲げてしまうと、経費を減らしたのに逆行するような影響が出る場合があります。

図表 5-14　固定費を減らす

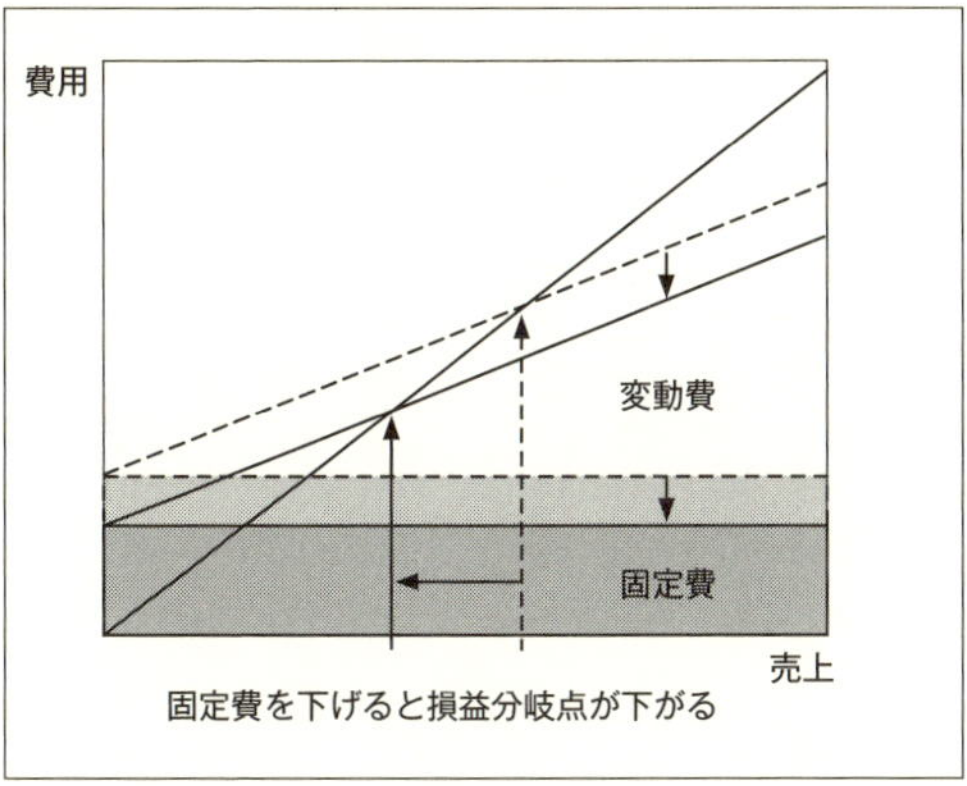

景気が悪くなるとよく耳にするのは、「飲み食いを控えよう」とか、「広告費を抑えよう」とか、**売上に直結するような経費を削減しはじめてしまうこと**です。しかし、**固定費の中には減らしてよい経費と、減らすべきでない経費があるのです。**

――減らしてよい経費

家賃や光熱費、消耗品など、単なる会社の維持管理のみに使われて、その削減が売上に影響しないものは積極的に減らすべきです。必要以上に広い事務所は相応の場所へ移転することも可能でしょう。倉庫家賃であれば、在庫管理の徹底により在庫を圧縮して、必要な面積を縮小することも可能でしょう。

また、支払利息などの金融費用も、余剰資金で返済したり、利率の低いものへ切り替えたりして金利負担を削減することができるでしょう。

――減らすべきでない経費

広告費や研究開発費などは、景気が悪くなると真っ先に削減の対象になりますが、これらは将来の売上の基礎であり、むしろ減らした経費を充ててもよいくらいです。

一方、接待交際費については、減らす減らさないよりも、使い道について考えることが重要です。単に経営者が楽しみたいというだけの経費であれば、本人がもらった役員報酬から楽しめばよいのです。ただでさえ交際費は税制上の制限があるので、せっかくなら使いがいのあることに使いましょう。

●ちょっとずつ全部でハードルを下げる

ここまで、利益を出すために、売上を上げたり、変動費を減らしたり、固定費を減らしたりといった方法を考えました。しかしながら、どれか一つを頑張ろうとしても、なかなか達成できるものでもありません。

たとえば売上を三〇％増加させることだけで利益を出そうとすると、一体どれだけの労力がかかるでしょうか。果たしてそれは達成可能でしょうか。かなり利益のハードルが高いように感じます。

では、売上・変動費・固定費を五％ずつ頑張るのはどうでしょう。売上を五％増、変動費五％減、つまり粗利益率を五％増、そして固定費である経費を五％減らすのです。売上を三〇％増やすよりは何とかなりそうな気がしませんか。

売上一，〇〇〇、粗利益率三〇％、固定費三〇〇とした場合に、売上だけを三〇％増やした場合と、それぞれ五％ずつ、合わせて一五％頑張った場合とを図表5－15で比較してみました。

売上を三〇％、つまり三〇〇増加させると、粗利益率が三〇％なので利益が九〇増えます。

これに対して、売上を五％、つまり五〇増加させ、粗利益率を五％増、つまり三五％にす

図表 5-15　三位一体で利益を出す

	当初	売上30%増	それぞれ5%
売上	1,000	1,300	1,050
原価	700	910	682
粗利益	300	390	368
経費	300	300	285
利益	0	90	83

ることで全体の粗利益は三六八となり、固定費を五％減、つまり二八五にすることで最終の利益は八三増えることになります。

それぞれのパーセンテージの意味が違うので、単純な比較はできませんが、売上至上主義で頑張るよりも、**売上・原価・経費と三位一体で臨んだほうが、利益のハードルが低くなる**のです。

7 連鎖倒産は避けられないのか

売掛は、取引先への無担保融資

●取引先を襲った不良債権

「いつだか話に出た材料屋の取引先が倒産したんだって。一〇〇万くらいの焦げ付きが出たみたいで、『ヨシンカンリがちゃんとできてないからなー』って青くなってるんだ。一〇〇万くらいの売上なら頑張って取り返せないのかな」

「Yさん、**一〇〇万円の損失は一〇〇万円の売上では取り返せませんよ**」

売上一〇〇万円が回収できなくなったとすると、その損失をカバーするためには一〇〇万円が必要です。しかし、また一〇〇万円売り上げればよいかというと、そうではありません。売上に対しては常に仕入があり、さらに売るためにはいろいろな経費がかかっているからです。つまり、売上ではなく利益で一〇〇万円が必要なのです。

もし、その会社の経常利益率が五％であるなら、一〇〇万円の損失を取り戻すためには図表5－16のとおりで「一〇〇万円÷五％＝二，〇〇〇万円」の売上が必要になるということ

図表5-16　損失をカバーする売上

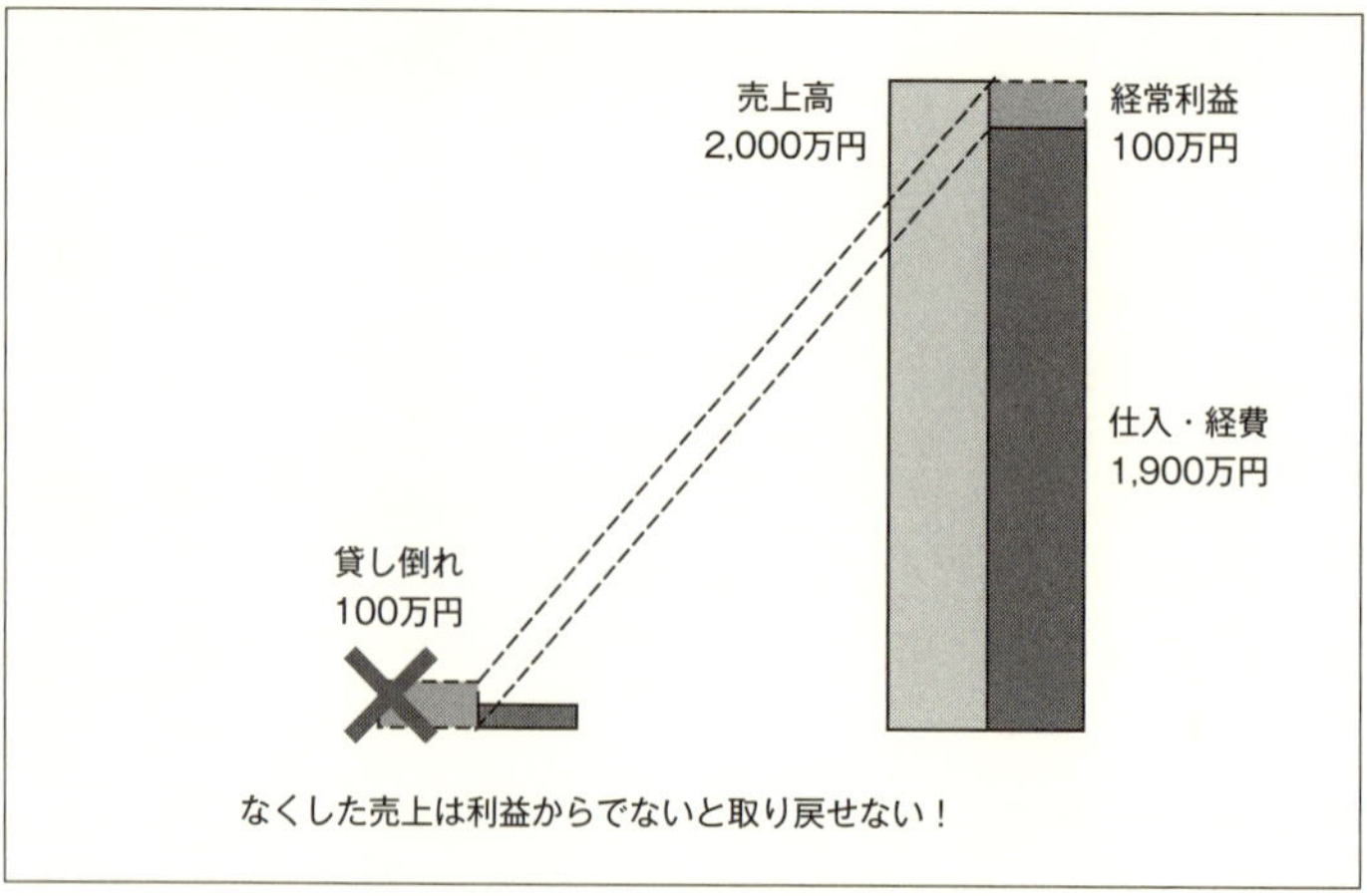

です。せめて粗利で何とか、ということであっても、粗利益率二〇％だとして五〇〇〇万円の売上が必要になります。

「えーっ！　に、二，〇〇〇万円も売らなきゃいけないんだ。それじゃあ青くなってるわけだね。まさか、よく聞く連鎖倒産ってやつにならないよね。あそこがポシャったら、うちだって困っちゃうんだけど……。ところで、『ヨシンカンリ』っていってたけど、何なの？　倒産した会社が震源地で、その余震に備えるってこと？」

「よ、余震ですか。そんな考え方もアリですね。『ヨシン』は『与信』、信用を与えるということです」

●連鎖倒産のパターン

連鎖倒産とは、取引先の倒産によって債権が回収できなくなり、自社の資金繰りが悪化して倒産に至ってしまうことをいいます。自社の倒産に伴って、他の取引先への連鎖倒産も誘発しますから、中小企業にとってはかなり深刻な問題となっています。

連鎖倒産に陥りがちな会社として、一つは建設業・製造業などに見られる下請け・孫請けと幾重にも連なったピラミッド構造の中にいる会社が挙げられます。ひとたび元請けが倒産してしまうと、その倒産に伴って下請けの倒産、孫請けの倒産と負の連鎖が始まります。

もう一つは、大口の取引先一社で会社の取引全体の七割以上を占めるような一社依存型の会社です。その大口取引先が倒産してしまったら、売上の七割以上を失い、その売上に対する仕入の支払だけが残ってしまうこととなります。一

図表 5-17　連鎖倒産のイメージ

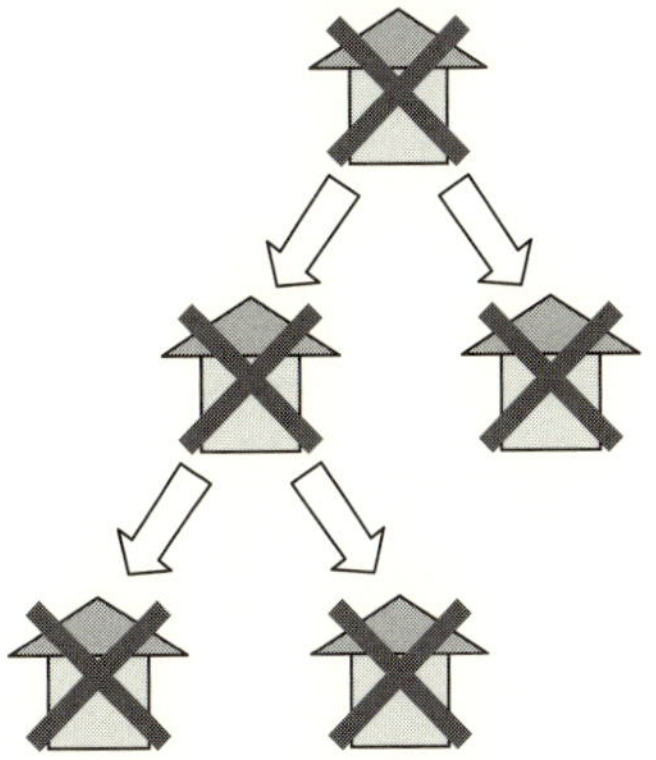

資金繰りの悪化による倒産のドミノ倒し

社依存の場合においても、その危機を乗り越えるのはかなり困難となるでしょう。

また、連鎖倒産は売上先からだけではなく、仕入・外注先からの逆方向にも起こり得ます。会社の主力商品の仕入先が倒産したらどうでしょう。代替となる仕入先を確保できなければ、入ってくるべきものが入ってきませんから、売上先への納品もままならなくなります。となると、会社のほうが債務不履行となり、結果として会社の信用を失ってしまうことになり、仕入先も売上先も失うことで連鎖倒産に至ってしまうのです。

●売掛は無担保の融資

会社にとって掛取引は日常の行為ですから、売掛金などの存在はあって当然、特に意識されていないかと思います。しかし、よく考えてみてください。モノやサービスを引き渡してから実際に代金が入金するまでの数日、ひと月、数カ月、そこにはお金をもらう権利しかないのです。わかりやすくいうと、**売掛金とは、取引先に無担保・無利子でお金を貸している状態**なのです。

ではなぜ会社は取引先にお金を貸していられるのでしょうか。それは、会社が取引先に対して期日にお金を支払ってくれるという信用を与えているからです。かといって、**やみくもに信用を与えていては、ある日突然取引先が倒産したということになってもどうにもなりません**。そこで、取引先ごとに貸しているお金が安全かどうかをチェックする「与信管理」が必要です。

与信管理とは、簡単にいうと次の三つを指します。

——**「この会社と取引できるか」という判断をすること**

相手や周辺から見聞きした情報や登記簿・決算書などの資料、信用調査会社の評価などから総合して判断します。

——**「いくらまで取引できるか」という信用枠（与信限度額）の設定をすること**

信用調査から会社をランク分けし、それぞれに見合った信用枠を設定します。

——**「設定した枠を超えていないかどうか」のチェックをし、対処すること**

取引を続ける中で、売上債権が信用枠を超えてしまったら、それをOKとするか、以後の販売を抑えるか、または回収を優先するかなどの対処を考え、実行します。

図表 5-18　信用枠のチェック

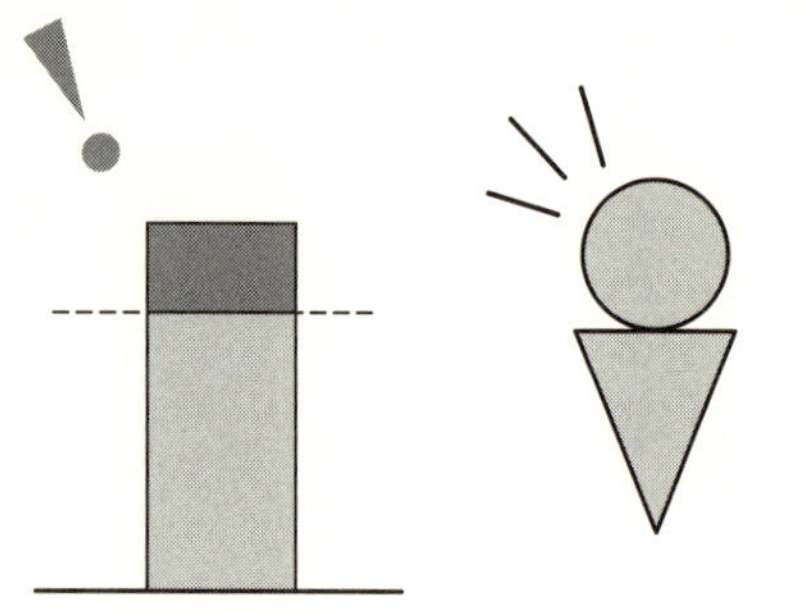

取引先の信用度に合わせて信用枠を設定し、その枠を超えていないかをチェックする

●危ない会社はしっぽを出す

与信管理とはいうものの、中小企業にとって取引先に探りを入れることや、決算書を入手することなどは、やりたくてもなかなかできることではありません。取引先に信用調査をされていると気づかれると、不快感を持たれるだけでなく、今後の取引に悪影響を及ぼす可能性も大であるからです。また、仮に情報を入手できたとしても、その分析・判断を社内でできるかどうかという問題があります。

しかし、信用不安のある会社には、日ごろの付き合いの中でもそれなりの兆候が出てくるものです。自社も含めて、図表5－19のような兆候はないでしょうか。

図表5-19　危ない会社の例

ヒト	経営者の表情が暗くなった。カラ元気である。
	経営者が不在がちになった。
	社員の退社が目立つようになった。
	社員から経営者の悪口を聞く。
モノ	過度な安売りが目立つようになった。
	納期が守られなくなった。
	押し込み販売をされた。
カネ	支払が請求書どおりでなくなった。
	手形ジャンプを依頼された。
	メインバンクが変わった。

これらは、取引先の資料入手や財務分析などの煩わしく難しい作業をしなくても、日ごろ目を光らせておくことでつかむことができる情報です。もし該当するような兆候があったら、販売量をセーブしたり、契約条件の見直しをしたりといった対策を、早めに取る必要があります。

●取引先が倒産したら

残念なことに、取引先が倒産してしまった場合はどうしたらよいでしょうか。自社に限らずさまざまな取引先が債権回収に走りますから、とにかく時間との戦いになってきます。

まずは、未納品のものなどがあったらただちに出荷をストップし、現状の債権を確認しておく必要があります。請求書等による売上債権の確認のほか、取引契約書などで契約条項の確認、担保の有無の確認などもしておきましょう。

会社が個別に債権の回収をする方法としては、次のようなものがあります。ただし、回収の方法や私的・法的整理に入った場合など、**法的な問題がついてまわりますので、必ず弁護士などへ相談してください。**

――商品の取り戻し

取引先に納品した商品がまだ残っているなら、取り戻す努力をします。ただし、いきなり押しかけて商品を引き上げてしまうと窃盗罪などに問われてしまいますので、相手の同意を得る必要があります。

――代物弁済・債権譲渡

取引先が所有している資産で価値のあるものならば、債権の支払を受ける代わりにその資産を譲り受けることができます。また、取引先が所有する他への売上債権を譲り受けることもできます。

――担保の保全・実行、仮処分・仮差押

担保物があるときは、これを処分して回収することができます。処分に応じないときは、法的手続きにより仮処分や仮差押などの措置を取ることができます。

破産や会社更生、民事再生などの法的整理が始まってしまった場合には、もう会社として個別に取り立てをすることができません。所定の債権届出をして、配当を待つしかありません。とにかく債権届に記載漏れのないよう、取引先への債権をしっかり確認しましょう。

●連鎖倒産に備えて

「うわー、何だか大変だなー。でも、いくらこっちが頑張ってみても、倒産するのは向こうなんだから、どうしようもないよね」

「そうですよね。与信管理などである程度の対処はできるとしても、連鎖倒産は、結局のところ不可抗力の出来事ですからね。でも少なくとも、資金的な対策はしておいたほうがいいでしょうね」

連鎖倒産を避けるためには、与信管理の徹底、下請けや一社依存からの脱却などを図らなければなりません。しかし、すでに連鎖の枠に入っている中小企業にとっては、やろうと思ってもなかなかできるものではありません。

そうであるならば、せめて緊急時の自己防衛策を講じておくのがよいでしょう。たとえば、中小企業基盤整備機構の経営セーフティ共済（中小企業倒産防止共済）への加入をお勧めします。毎月の掛金を払い込み、三二〇万円まで積み立てることができます。この掛金は全額支払い時の経費となります。万が一取引先が倒産して売掛金等が回収できなくなったときは、一定の条件がありますが、払込掛金の一〇倍まで貸付けを受けることができます。

このほか、取引先が倒産した場合に資金繰りに窮するときは、都道府県等で行っている経営安定対策貸付や、中小企業庁のセーフティネット貸付などの制度融資を利用する方法もあります。

8 まとめ

以上、手短ではありましたが、中小企業が陥りやすい失敗のパターンを紹介してきました。

ここで、まとめの意味も踏まえて、あらためて質問させてください。
・利益を考えるときに、資金繰りという時間の流れまで考えていますか?
・ただ税金を減らすだけの目的で、経費を無駄に使っていませんか?
・見えやメンツのために、自分の首を絞めるような投資をしていませんか?
・無駄な在庫を抱えて、資金不足になっていませんか?
・お客様が満足する値段で、商品を提供できていますか?
・売上を上げることだけにとらわれていませんか?
・取引先の倒産に対する備えはありますか?
以上の質問にYｅｓがあるならば、立ち止まってでも考える必要があります。なぜなら、これらの質問は儲かる会社を作る道に対して、大きな壁となってくるからです。これらの問題に対処し、失敗に立ち向かう心構えをもっていれば自ずと道が開けてくることでしょう。

「備えあれば憂いなし」とはいうものの、中小企業は「歩けば棒に当たったり」、「泣いたら蜂に刺されたり」と、まさに「一寸先は闇」です。先人の失敗を、「明日は我が身」と肝に銘じ、「転ばぬ先の杖」としてぜひ役立ててください。

■参考文献

1『ベンチャー起業の経営危機データベース』経済産業省（日付不明）参照先：http://www.meti.go.jp/policy/newbusiness/kiidatabase/index.html
2『マーケティング入門 第4版』相原修著（2007）日本経済新聞出版社
3『中小企業の財務指標』中小企業庁（日付不明）参照先：http://www.chusho.meti.go.jp/koukai/chousa/zaimu_sihyou/h17.1-12.html
4『売掛金管理の手引』島田勝弘著（1998）日本経済新聞社

おわりに

本書を最後までお読みいただき、誠にありがとうございます。
筆者一同、お礼申し上げます。

さて、本書を担当した五人の税理士は、それぞれの経験から異なる意見を述べています。
しかし、ある部分では共通している内容であったことがおわかりいただけたでしょうか。

それは「劇的な変化はすぐには生まれない」ということです。

仕組みを作る、仕組みを変えるというのは、大きなパワーと時間を要します。それを乗り越えた会社が、他社にはない「儲かる会社」を作ることができるのです。

また、「儲かる会社」を作るためには、経営に必要なあらゆる知識を日々学ばなければなりません。知識の拡充がすべてということではありませんが、その知識が礎となり、経験につながり、そして結果的に「儲かる会社」を形作るものとなります。

本書をお読みいただき、少しでも刺激を受けられたのであれば、今日から何か一つでも結構ですので、新しい試みをし、それを辛抱強く継続してみてください。数カ月後、数年後には立派な「黒字会社」になっていることでしょう。

御社のより一層のご発展を願っています。

■著者紹介

加藤　裕二（かとう　ゆうじ）…第１章担当

筑波大学大学院バイオシステム研究科卒業。大手水産会社を経て、税理士資格を取得。

税理士のほかに、マンション管理士や宅地建物取引主任者などの不動産関連や、危険物取扱者や食品衛生責任者などの理科系・食品関連の資格を取得。

顧問先の話をじっくりと聞いてニーズを的確に捉えること、わかりにくい税法をわかりやすく伝えることが信条。常にポジティブ思考を心掛けており、顧問先のさまざまな悩みを明るく前向きに解決する姿勢に定評がある。

増田　努（ますだ　つとむ）…第２章担当

税理士　CFP　宅地建物取引主任者

慶應義塾大学文学部卒業。百貨店、不動産会社、税理士法人勤務を経て、独立開業。

「過去の数字を未来の経営に」をモットーに、顧客のステージに応じた、文系・サービス業出身ならではの論理的で丁寧な説明は、顧問先のみならず同業者にも定評がある。

現在、増田会計事務所所長。合同会社ノービス・コンサルティング代表社員。中央土地建物有限会社取締役。

岩木　功（いわき　いさお）…第3章担当

早稲田大学理工学部卒業。保険会社勤務を経て、2007年に長野県上田市にいわき会計事務所を開設。

法人・個人の会計税務を行うとともに、事業再生（業績不振・債務過多の企業の立ち直り支援）も数多く手掛ける。そのアドバイスの適確さやわかりやすさから「岩木氏のいうとおりにしておけば安心」との定評がある。

地方自治体行政にも参画しており、行財政改革アドバイザー、総合計画審議会委員としての活躍の実績を持つ。

中澤　政直（なかざわ　まさなお）…第4章担当

税理士　公認会計士　中小企業診断士

早稲田大学商学部卒業。ブラザー工業株式会社、監査法人トーマツを経て独立開業。

税務顧問のほか、事業承継に関する支援・調査研究活動に従事するなど、中小企業に関する幅広い分野に力を入れている。

地方自治体の行政経営に対する造詣も深く、東海地方を中心に今年度までに20以上の地方自治体に対して経営指導等を行っている。

宮原　裕一（みやはら　ゆういち）…第5章担当

青山学院大学経済学部卒業。会計ソフト「弥生会計」を単なる過去の記録である帳簿データから経営のための戦略データへと昇華させるノウハウを確立した、通称「弥生マイスター税理士」。

モットーは「あなたの相棒、目指します」。上から目線で物をいわず、顧客と共に考え、悩み、喜び、そしてときには反発しながらも共に歩んでいくという姿勢を貫いている。20代の若き起業家から80代の賢き資産家まで、10年以上にわたって経営者の頼れる相棒として築いてきた、その信頼は厚い。

黒字《くろじ》会社《がいしゃ》はここが違《ちが》う

2010年4月1日　初　版　第1刷発行

編著者　TAC株式会社（プロフェッションネットワーク）
発行者　斎藤博明
発行所　TAC株式会社　出版事業部（TAC出版）
〒101-8383 東京都千代田区三崎町3-2-18 西村ビル
電話 03(5276)9492(営業)
FAX 03(5276)9674
http://www.tac-school.co.jp
組版　株式会社 秀文社
印刷　株式会社 光邦
製本　東京美術紙工協業組合

ISBN 978-4-8132-3629-0

TACプロフェッションネットワーク

会社を作りたい!!
事業計画や資金調達ってどうするの？
個人と法人どっちがいい？
申告ってどうするの？

税金の対策は？

一言で開業といっても、
いろんな準備や知識が必要です。
そんなときに、心強い味方になってくれるのが
「税理士」です。

税理士で貴社の未来が変わります。
一生のパートナーを見つけませんか？

決算・申告だけでなく、帳簿記録や給与計算、
経営コンサルティングや資産運用。
税理士は「税金」だけの専門家ではありません。
あなたの会社を大きくするための
お手伝いを行っていきます。

校舎のご案内

▶TAC・Wセミナー校舎一覧 ※WセミナーはTACのブランドです。

札幌校
〒060-0005 札幌市中央区北5条西5丁目7番地 sapporo 55 3F
☎011(242)4477(代)

新宿校
〒160-0023 新宿区西新宿1-10-1 MY新宿第二ビル6F
☎03(5322)1040(代)

池袋校
〒171-0022 豊島区南池袋1-19-6 オリックス池袋ビル3F
☎03(5992)2850(代)

お茶の水校
〒101-0062 千代田区神田駿河台2-8 瀬川ビル5F
☎03(3293)6751(代)

町田校
〒194-0013 町田市原町田6-16-8 壮平ビル2F
☎042(721)2202(代)

大宮校
〒330-0854 さいたま市大宮区桜木町1-10-17 シーノ大宮サウスウィング3F
☎048(644)0676(代)

京都校
〒600-8005 京都市下京区四条通柳馬場東入立売東町12-1 日土地京都四条通ビル5F
☎075(255)5210(代)

神戸校 '09.11.11移転
〒651-0087 神戸市中央区御幸通6-1-10 オリックス神戸三宮ビル ※11/11～
☎078(241)4895(代) ※電話番号は変わりません

仙台校
〒980-0021 仙台市青葉区中央1丁目3番1号 アエル25F
☎022(266)7222(代)

高田馬場校
〒169-8670 新宿区高田馬場2-16-3
☎03(3208)6041(代)

渋谷校
〒150-0043 渋谷区道玄坂1-16-3 日土地渋谷ビル3F
☎03(3462)0901(代)

立川校
〒190-0012 立川市曙町1-32-6 遠藤創進第2ビル
☎042(528)8898(代)

横浜校
〒220-0011 横浜市西区高島2-19-12 スカイビル25F
☎045(451)6420(代)

津田沼校
〒275-0026 習志野市谷津1-16-1 モリシア津田沼オフィス11F
☎047(470)1831(代)

梅田校
〒530-0015 大阪市北区中崎西2-4-12 梅田センタービル4F(32階建てビル)
☎06(6371)5781(代)

広島校
〒730-0011 広島市中区基町11-10 プライム紙屋町4F
☎082(224)3355(代)

水道橋校
〒101-0061 千代田区三崎町1-3-9 MCビル4F
☎03(3233)1400(代)

早稲田校(公認会計士講座専用校)
〒162-0042 新宿区早稲田町75-2 日研ビル1F
☎03(5287)4940(代)

八重洲校
〒100-0005 千代田区丸の内1-8-2 第二鉄鋼ビル4F
☎03(3218)5525(代)

中大駅前校
〒192-0351 八王子市東中野216-1
☎042(678)7210(代)

日吉校(公認会計士講座専用校)
〒223-0062 横浜市港北区日吉本町1-22-10 日吉駅前ビル2F
☎045(560)6166(代)

名古屋校
〒450-0002 名古屋市中村区名駅3-28-12 大名古屋ビルヂング4F
☎052(586)3191(代)

なんば校
〒542-0076 大阪市中央区難波2-2-3 御堂筋グランドビル13F
☎06(6211)1422(代)

福岡校
〒810-0001 福岡市中央区天神1-13-6 日土地福岡ビル7F
☎092(724)6161(代)

▶提携校のご案内

盛岡校
〒020-0034 盛岡市盛岡駅前通8－11 三浦ビル6F
☎ 019(606)1117(代)

宇都宮校(国際情報ビジネス専門学校内)
〒320-0811 宇都宮市大通り1-2-5 国際情報ビジネス専門学校2F
☎ 028(600)4855(代)

前橋校
〒371-0843 前橋市新前橋町17-36
☎ 027(253)5583(代)

松本校(松本国際工科専門学校内)
〒390-0875 長野県松本市城西1-7-1
☎ 0263(50)9511(代)

富山校(富山情報ビジネス専門学校内)
〒939-0341 射水市三ケ576
☎ 0766(55)5513(代)

金沢校(エルアンドエルシステム北陸内)
〒921-8044 金沢市米泉7-28-1
☎ 076(245)7605(代)

姫路校(穴吹カレッジ内キャリアアップスクール)
〒670-0927 姫路市駅前町254番地 姫路OSビル5F
☎ 079(281)0500(代)

岡山校(穴吹カレッジ内キャリアアップスクール)
〒700-0901 岡山市本町6-30 第一セントラルビル2号館8F(旧フジビル・OPA8F)
☎ 086(236)0225(代)

福山校(穴吹カレッジ内キャリアアップスクール)
〒720-0066 福山市三之丸町30-1 福山駅構内サンステーションテラス3F
☎ 084(991)0250(代)

高松校(穴吹カレッジ内キャリアアップスクール)
〒760-0021 高松市西の丸町14-10
☎ 087(822)3313(代)

徳島校(穴吹カレッジ内キャリアアップスクール)
〒770-0832 徳島市寺島本町東3-12-7 マスダビル3F
☎ 088(653)3588(代)

熊本校(税理士法人 東京会計グループ)
〒860-0844 熊本市水道町9-31 損保ジャパン熊本水道町ビル2F
☎ 096(323)3622(代)

宮崎校(宮崎ビジネス公務員専門学校内)
〒880-0812 宮崎市高千穂通2-2-27
☎ 0985(22)6881(代)

鹿児島校(鹿児島情報ビジネス専門学校内)
〒892-0842 鹿児島市東千石町19-32
☎ 099(239)9523(代)

沖縄校
●那覇校舎 〒902-0067 那覇市安里1-1-61 キャスティービル2F
☎ 098(864)2670(代)
●中部校舎 〒904-0013 沖縄市室川1-2-20
☎ 098(930)2074

TACホームページ URL **http://www.tac-school.co.jp/**

(平成21年10月現在

TAC出版の書籍について

書籍のご購入は

1 全国の書店・大学生協で

2 TAC・Wセミナー各校 書籍コーナーで

3 インターネットで カンタン!

TAC 出版書籍販売サイト
Cyber Book Store

- TAC出版書籍のラインナップを全て掲載
- 「ちょっと見!(体験コーナー)」で、書籍の内容をチェック
- 会員登録をすれば特典満載!
  - ・登録費や年間費など一切不要
  - ・会員限定のキャンペーンあり
  - ・2,000円以上購入の場合、送料サービス
- 刊行予定や法改正レジュメなど役立つ情報を発信

http://bookstore.tac-school.co.jp/

4 お電話で

TAC出版 注文専用ダイヤル

0120-67-9625 [土・日・祝を除く 9:30〜17:30]

携帯・PHS OK ※携帯・自動車電話・PHSからもご利用になれます。

刊行予定、新刊情報などのご案内は

03-5276-9492 [土・日・祝を除く 9:30〜17:30]

講座お問合わせ・パンフレットのご請求は

資格の学校TAC・Wセミナー(※WセミナーはTACのブランドです)

0120-509《ゴウカク》-117《イイナ》 [月〜金9:30〜19:00 土日祝9:30〜18:00]

携帯・PHS OK ※携帯・自動車電話・PHSからもご利用になれます。

本書へのご意見・ご感想はCyber Book Store内の「お問合わせ」よりおよせください。
URL▸http://bookstore.tac-school.co.jp/ (トップページにございます「お問合わせ」よりご送信いただけます)

成21年10月現在)